Rebel Girls Lead का अनुवाद

विद्रोहिणी

द लीडर

25 ओजस्वी स्त्रियों के क़िस्से

प्रथम संस्करण : 2021
द्वितीय संस्करण : 2023

विद्रोहिणी :
25 ओजस्वी स्त्रियों के क़िस्से

ISBN: 978-81-95124-13-8

प्रकाशक : **अनबाउंड स्क्रिप्ट**
बी-10, सेवेन वंडर्स बिजनेस सेंटर,
प्लॉट नं. जी-20 बेसमेंट, प्रीत विहार,
नई दिल्ली-110092

वेबसाइट : www.unboundscript.com

मुद्रक : यश प्रिंटोग्राफिक्स, उत्तर प्रदेश

Vidrohini : 25 Ojasvee Striyon ke Kisse
Stories by Elena Favilli

Translation by Manisha Pandey

अंतर्वस्तु

प्रस्तावना

प्रिय विद्रोहिणी,

जब कमला हैरिस अमेरिका की पहली उपराष्ट्रपति चुनी गईं तो वह दुनिया की हर कोने में बैठी हर विद्रोही लड़की के लिए गर्व और ख़ुशी का मौक़ा था। हैरिस अमेरिका के अब तक के इतिहास में इतने ऊँचे पद के लिए चुनी जाने वाली पहली स्त्री थीं। एक और दीवार तोड़ी जा चुकी थी। कमला हर उस स्त्री की आवाज़ हैं, जो कुछ कर दिखाने का जज़्बा रखती है। वह जमैका और दक्षिण एशिया की साझी विरासत से आती हैं और अमेरिका की अद्भुत विविधतापूर्ण संस्कृति का प्रतिनिधित्व करती हैं।

यहाँ विद्रोही लड़कियों की इस किताब में हमने थोड़ा ठहरकर इस ऐतिहासिक पहली घटना को देखने की कोशिश की और यह योजना बनाने लगे कि कैसे इसका उत्सव मनाएँ। हम कमला की प्रेरणा देने वाली कहानी सुनाना चाहते थे। साथ ही उन समकालीन स्त्रियों की भी, जो शिखर पर बैठकर नेतृत्व संभाल रही हैं। स्टेसी अबराम्स जैसी नेता, जो मतदाताओं की सुरक्षा और उनके वोट के अधिकार की रक्षा के लिए लगातार बिना थके मेहनत कर रही हैं और जेसिंडा अर्दर्न, जिन्होंने कोरोना वारयस पेंडेमिक के दौरान न्यूज़ीलैंड का बहुत कुशलता से नेतृत्व किया। इन अभूतपूर्व स्त्रियों को आगे बढ़ाने के लिए हमने हमारी दूसरी स्त्री लीडरों, जैसे मलाला यूसुफ़ज़ई, रूथ बादेर गिंसबर्ग और मिशेल ओबामा, की कहानियों को एक जगह संकलित करने का निर्णय लिया और इस तरह ये किताब बनी। विद्रोही लड़कियों की गुड नाइट स्टोरीज़। रोज़ रात में सोने से पहले सुनने वाली कहानियाँ। इस किताब के ज़रिए हम इन विद्रोही स्त्रियों के साहस, उनकी बुद्धि और तत्परता को दिखाना चाहते हैं और उसके प्रति अपना आदर प्रकट करना चाहते हैं। इन सभी स्त्रियों ने अपनी ऊर्जा, प्रतिभा और अपार हिम्मत से राजनीति, सामाजिक कार्य, खेल, बिज़नेस और अन्य क्षेत्रों में शीर्ष मुक़ाम हासिल किया।

इस छोटी शृंखला में आप प्रसिद्ध फुटबॉल कोच पैट समिट के बारे में पढ़ेंगे, जिन्होंने रोज़ खिलाड़ियों के सामने नई चुनौतियाँ पेश कीं और उन्हें ऊपर उठाया। विल्मा मेनकिलर, जिन्होंने चेरोकी नेशन की पहली स्त्री प्रमुख बनकर अपने समुदाय का चेहरा बदल दिया। और आप पढ़ेंगे शिए बस्टिडा के बारे में। 18 साल की एक लड़की, जिसकी अभूतपूर्व यात्रा एक पर्यावरण एक्टिविस्ट के रूप में अभी शुरू ही हुई है।

इस किताब में जिन स्त्रियों का ज़िक्र है, उन सबने तुम्हारी तरह ही शुरुआत की थी। वे भी बच्ची थीं, जिनके पास सपने थे और डर भी, जिनके पास उम्मीदें थीं और सवाल थे। वे सब जिज्ञासाओं से भरी हुई थीं और कुछ बड़ा करना चाहती थीं। उन्होंने चुनौतियों का सामना किया, लेकिन अपने रास्ते से डिगी नहीं। और अब दुनिया उन्हें उनके नेतृत्व के लिए याद रखेगी।

जब तुम दुनिया में क़दम रखो तो हमेशा याद रखना कि तुम भी बहुत ताक़तवर हो। तुम उन चीज़ों के लिए बोल सकती हो, जो तुम्हारे लिए माएने रखती हैं। तुम लोगों को आपस में जोड़ सकती हो, समस्याओं का हल ढूँढ़ सकती हो और जो चीज़ें बिगड़ गई हों, उन्हें ठीक कर सकती हो। तुम नेतृत्व कर सकती हो। लीडर बन सकती हो। अपने आप पर विश्वास करो और याद रखो कि तुम पूरी दुनिया की बहादुर, मज़बूत और ताक़तवर लड़कियों के समूह का हिस्सा हो। हम तुम्हारा इस्तक़बाल करते हैं।

ऐसे ही लड़ती रहो, विद्रोह करती रहो।

जैस वुल्फ़
सीईओ, रीबेल गर्ल्स

ऐली रइसमेन

जिम्नास्ट और टीम कैप्टन

एक बार की बात है। ऐली नाम की एक लड़की थी। उसने पाया कि रोज़ जो सूरज उगता है, उसमें कोई जादू है। ऐली ने बार-बार सूरज को उगते हुए देखा क्योंकि वह रोज़ सुबह जल्दी उठ जाती थी। उसे अपने कार्टव्हील्स, जंप और राउंड ऑ.फ का अभ्यास जो करना होता था। जिस दिन से उसने अपने दोनों पैरों पर चलना सीखा था, उसे जिम्नास्टिक्स से प्यार हो गया था।

जब ऐली 10 साल की हुई तो उसने अपने कोचों से कहा, ''मैं ओलंपिक में जाने वाली हूँ और मैं जीतकर आऊँगी।'' वह एक दिन पहले ही इन नए कोचों से मिली थी। लेकिन उन लोगों ने एक नज़र उसके आत्मविश्वास से चमकते चेहरे को देखा और उन्हें यक़ीन हो गया कि यह लड़की कमाल करेगी। कुछ ही साल गुज़रे और उसने बड़ी-बड़ी प्रतियोगिताओं में स्वर्ण पदक जमा करना शुरू कर दिया। वह अपनी चमकीली पोशाक में उछलती, उड़ती, हवा में करतब दिखाती। उसका सबसे पसंदीदा करतब होता था ज़मीन पर, जहाँ वह मुस्कुराती हुई नाचती और ऊँची छलाँगें भरती।

फिर साल 2012 आया। ऐली का सपना अब पूरा होने जा रहा था। वह ओलंपिक में जा रही थी!

ऐली और उसकी टीम की पाँच अनोखी लड़कियों का निक नेम था—''पाँच निडर'' और इन पाँच बहादुर लड़कियों ने ऐली को अपना टीम कैप्टन चुना। एक जिम्नास्टिक टीम का कैप्टन होना बहुत चुनौती का काम है। इन एथलीट टीमों की आपस में प्रतिस्पर्द्धा होती है कि टीम मेडल कौन जीतेगा। लेकिन साथ ही निजी मेडल के लिए उनकी आपस में एक-दूसरे से भी प्रतिस्पर्द्धा होती है।

ऐली ने अपनी जान लगा दी। उसने टीम की हर सदस्य को अपना सबसे अच्छा प्रदर्शन करने के लिए प्रेरित किया। उसे पता था कि कब अपनी टीम के सदस्यों को जगह देनी है, कब उन्हें जोश और उत्साह की ज़रूरत है और कब उनसे थोड़ा पीछे हटने और आराम करने को कहना है। ऐली की मेहनत का फल भी मिला। फ़्लोर एक्सरसाइज़ के लिए ऐली को स्वर्ण पदक मिला और उसके नेतृत्व में पूरी टीम ने भी स्वर्ण पदक जीता। चार साल बाद कैप्टन ऐली एक बार फिर ओलंपिक में गई और फिर वही जादुई कारनामा कर दिखाया। उसने छह और पदक जीते! इन सबके ज़रिए वह कहती हैं, ''यात्रा माएने रखती है, मंज़िल नहीं।''

जन्म : मई 25, 1994

संयुक्त राज्य अमेरिका

"जब तक कोई एक शख़्स भी ऐसा है, जिसे आप पर विश्वास है तो इसमें भी बड़ा जादू है।"

– ऐली रइसमेन

सालिनी पेरेरा
द्वारा चित्रण

एंजेला मार्केल

चांसलर

एक समय की बात है। जर्मनी के टेंपलिन में एक सात साल की लड़की रहती थी। उसका नाम था एंजेला। रविवार की एक सुबह वह चर्च में अपने पिता का प्रवचन सुन रही थी, जब उसकी माँ अचानक रोने लगी। ''क्या हुआ माँ?'' एंजेला ने पूछा।

''वे लोग दीवार बनाने जा रहे हैं,'' माँ ने कहा। ''वे लोग पूर्वी और पश्चिमी जर्मनी की सीमा सील कर देना चाहते हैं।''

एंजेला को धक्का लगा। ''वे दीवार क्यों बनाना चाहते हैं,'' उसने सोचा। ''लोगों को आज़ादी होनी चाहिए कि वे जहाँ चाहें, जा सकें।''

बर्लिन की दीवार ने पूर्वी और पश्चिमी जर्मनी के बीच दीवार खड़ी कर दी। अब पूर्वी जर्मनी के लोग पश्चिमी जर्मनी नहीं जा सकते थे। इतना ही नहीं, पूर्वी जर्मनी के लोगों को दूसरी तरफ़ से आ रही ख़बरें और समाचार सुनने की भी इजाज़त नहीं थी।

हर रोज़ एंजेला एक छोटा सा रेडियो लेकर अपने स्कूल के ग़ुसलख़ाने में छिप जाती। उस समय पश्चिमी जर्मनी के रेडियो स्टेशन सुनना ग़ैरक़ानूनी था। लेकिन उसे परवाह नहीं थी। वह जानना चाहती थी कि उसके देश में क्या हो रहा है।

जब एंजेला बड़ी हुई तो उसने केमेस्ट्री की पढ़ाई की। वह यूनिवर्सिटी में प्रोफ़ेसर बनना चाहती थी। लेकिन तब सरकार की एक स्पेशल फ़ोर्स हुआ करती थी, जो सीक्रेट पुलिस के नाम से जानी जाती थी। उन्होंने एंजेला से कहा, वे उसका प्रमोशन कर देंगे, लेकिन एक शर्त पर। अगर वह सरकार के लिए दूसरे लोगों की जासूसी करे तो। एंजेला ने ऐसा करने से इनकार कर दिया। फिर वह कभी प्रोफ़ेसर नहीं बनी।

1989 में जब बर्लिन की दीवार गिरी, उस समय एंजेला एक प्रयोगशाला में शोधकर्ता के रूप में काम कर रही थी। उसने अपनी माँ को फ़ोन किया और कहा, ''मेरे ख़्याल से अब हम पश्चिमी जर्मनी में जाने के लिए आज़ाद हैं।'' बेशक, अब वे आज़ाद थे।

आगे चलकर एंजेला जर्मनी की चांसलर बनीं। पूरे देश की मुखिया! वह एक मज़बूत इरादों वाली नेता हैं, जो जानती हैं कि एक दीवार कितनी दुखदाई हो सकती है।

वह नहीं चाहतीं कि अब कभी उनके देश के लोगों में विभाजन हो।

जन्म : जुलाई 17, 1954

जर्मनी

“हम चाहते हैं कि राष्ट्रों के बीच में सद् भाव हो। यही यूरोपियन एकता का सबसे बड़ा लक्ष्य था और है।”

– एंजेला मार्केल

एलेनिया बेर्ता द्वारा चित्रण

ऐन रिचर्ड्स

गर्वनर

जब ऐन छोटी बच्ची थी तो उसके पिता ने उसे शिकार करना और मछली पकड़ना सिखाया। वे उसे महान कहानियाँ सुनाते थे।

हाईस्कूल तक आते-आते उसने वाद-विवाद में महारत हासिल कर ली थी। अपनी प्रतिभा और तीक्ष्ण बुद्धि के दम पर उसने कॉलेज के लिए स्कॉलरशिप हासिल कर ली।

जब उनका विवाह हुआ तो वह और उनके पति साथ-साथ रैलियों में जाते। वे स्त्रियों और अश्वेत लोगों के बराबरी के अधिकार के समर्थन में खुलकर बोलते।

अपने घर में ऐन जोशीली पूल पार्टियाँ और आलीशान डिनर का आयोजन करतीं।

कई बार वह भड़कीले वस्त्रों में अपने मेहमानों का स्वागत करतीं! वह बहुत बुद्धिमान और आकर्षक थीं। हर कोई उनके क़रीब रहना चाहता था।

लेकिन वह वक़्त के साथ बहुत बेचैन रहने लगी थीं। वह घरेलू पत्नी और चार बच्चों की माँ थीं। ऐन ने कहा, ''मैं खाना बनाते-बनाते और सिलाई करते-करते उकता गई थी।'' वह ज़िंदगी से और भी बहुत कुछ चाहती थीं।

उन्होंने स्थानीय चुनाव में एक अन्य स्त्री की मदद करने के साथ अपने राजनीतिक कॅरियर की शुरुआत की। 1975 में उनके दोस्तों ने उन्हें इस बात के लिए राज़ी कर लिया कि वह स्थानीय मेयर के चुनाव के लिए खड़ी हों। वह चुनाव जीत गईं और उन्होंने ख़ुद को पूरी तरह काम में डुबो दिया। अगली बार वह राज्य ट्रेजरर (कोषाध्यक्ष) चुनी गईं।

ऐन को बहुत आश्चर्य हुआ, जब 1988 में उन्हें डेमोक्रेटिक नेशनल कन्वेंशन में प्रमुख वक्ता के रूप में आमंत्रित किया गया। उन्होंने चुटकुले सुनाए और एक आम कामगार व्यक्ति की ज़रूरतों और अधिकारों के बारे में बात की। उन्होंने कहा कि उन्हें भविष्य से क्या-क्या उम्मीदें हैं। अचानक ये हुआ कि अब पूरा देश उनका नाम जानता था!

1990 में वह टेक्सस की गवर्नर बनीं। अपने एक शासनकाल में उन्होंने स्त्रियों, अश्वेतों और लेटिंक्स लोगों (एक अमेरिकी जनजाति) और दिव्याँगों को महत्त्वपूर्ण ताक़तवर पदों पर नियुक्त किया। वह जो कुछ करना चाहती थीं, वह सब कुछ तो पूरा नहीं कर पाईं, लेकिन उन्होंने यह सुनिश्चित किया कि हर तरह के बच्चों को ऐसे लोग सरकार में नज़र आएँ, जो बिल्कुल उनके जैसे थे।

सितंबर 1, 1933 - सितंबर 13, 2006

संयुक्त राज्य अमेरिका

सिंडी एचवरिया
द्वारा चित्रण

"मैं नहीं चाहती कि मेरी क़ब्र पर लिखा हो, उसने घर को सचमुच बहुत साफ़-सुथरा रखा।" मैं चाहती हूँ कि लोग मुझे ये कहते हुए याद करें, "उसने सरकार के दरवाज़े सबके लिए खोल दिए।"

- ऐन रिचर्ड्स

क्लियोपेट्रा

मिस्र की रानी

यह बहुत पुरानी और प्राचीन मिस्र की बात है। एक राजा की मृत्यु हो गई। पिता की मृत्यु के बाद उनके दो बच्चे, 10 वर्ष का बेटा प्टोलेमी और 13 साल की बेटी क्लियोपेट्रा राज्य के उत्तराधिकारी बने।

देश में शासन और राज-काज कैसे चलाया जाए, इस बात को लेकर उन दोनों के विचारों में बहुत मतभेद था। जल्द ही क्लियापेट्रा को राजमहल से निकाल दिया गया। मिस्र में गृहयुद्ध छिड़ गया। रोम का राजा जूलियस सीज़र मिस्र की यात्रा पर गया। वह चाहता था कि क्लियोपेट्रा और प्टोलेमी के बीच समझौता हो जाए। वह इस काम में मदद करना चाहता था। लेकिन क्लियोपेट्रा ने सोचा, "अगर मैं अपने भाई से पहले सीज़र से मिल लूँ तो कहानी पलट सकती है। मैं सीज़र को इस बात का यक़ीन दिला सकती हूँ कि मैं प्टोलेमी से बेहतर शासक हूँ।"

लेकिन उसे तो महल से निष्कासित कर दिया गया था। दरबान उसे कभी भीतर घुसने नहीं देते।

क्लियोपेट्रा ने अपने नौकरों से कहा कि वो उसे एक क़ालीन में लपेटकर चुपके से सीज़र के कमरे में ले जाएँ।

क्लियोपेट्रा के साहस से प्रभावित होकर सीज़र ने उसे राजगद्दी सौंप दी। बाद में उन दोनों में संबंध भी बने और उनका एक बेटा हुआ। क्लियोपेट्रा सीज़र के साथ रोम चली गई, लेकिन सीज़र की हत्या के बाद वह मिस्र लौट आई।

रोम के नए राजा मार्क एंटनी ने इस ताक़तवर और मज़बूत मिस्र की रानी के बारे में बहुत सी कहानियाँ सुनी थीं। वह उससे मिलना चाहता था। इस बार वह एक सोने की बग्घी में सवार होकर आई। वह हीरे-जवाहरातों और रेशम से लदी हुई थी। दोनों में प्यार हो गया। यह पहली नज़र का प्यार था।

अब क्लियोपेट्रा और मार्क को कोई जुदा नहीं कर सकता था। उनके तीन बच्चे हुए और वो दोनों आजीवन एक-दूसरे से अटूट प्रेम करते रहे।

जब क्लियोपेट्रा की मृत्यु हुई तो उसके साथ ही राजवंश का अंत हो गया। वह प्राचीन मिस्र पर शासन करने वाली आख़िरी रानी थी।

69 ई.पू. - अगस्त 12, 30 ई.पू.

इजिप्ट (मिस्र)

किकी ल्जुंग
द्वारा चित्रण

एलिज़ाबेथ प्रथम

महारानी

बहुत समय पहले की बात है। इंग्लैंड में एक राजा था, जो अपना साम्राज्य एक पुत्र को सौंपना चाहता था।

जब उसकी पत्नी ने एक बेटी को जन्म दिया तो किंग हेनरी आठ को अपनी पत्नी पर इतना क्रोध आया कि उसने अपनी पत्नी को त्याग दिया। उसने बच्ची को भी ख़ुद से दूर कर दिया और दूसरी शादी कर ली। उसे यक़ीन था कि उसकी मृत्यु के बाद एक पुरुष ही देश पर राज कर सकता है। इसलिए उसे बहुत ख़ुशी हुई, जब उसकी नई पत्नी ने एक बेटे एडवर्ड को जन्म दिया। हेनरी की बेटी एलिज़ाबेथ बड़ी होकर बहुत मेधावी और बुद्धिमान बनी। उसके बाल ख़ूब चमकीले लाल रंग के थे और उसके व्यक्तित्व में तेज़ था।

एडवर्ड सिर्फ़ नौ साल का था, तब उसके पिता की मृत्यु हो गई और वह राजा बना। कुछ साल बाद वह भी बहुत बीमार पड़ गया और उसकी मृत्यु हो गई। तब एडवर्ड की सौतेली बहन मैरी रानी बनी। मैरी को लगा कि एलिज़ाबेथ उसके ख़िलाफ़ षड्यंत्र कर रही है। इसलिए उसने एलिज़ाबेथ को लंदन के एक टॉवर में क़ैद करवा दिया!

एक दिन टॉवर के सिपाही हड़बड़ाते हुए उसके कमरे में आए और ज़ोर से चिल्लाए, ''रानी की मृत्यु हो गई।'' और फिर वे उसके सामने घुटनों के बल गिर गए। एलिज़ाबेथ अचानक रातोंरात उस टॉवर की क़ैदी से इंग्लैंड की महारानी बन गई।

एलिज़ाबेथ का दरबार संगीतकारों, कवियों, चित्रकारों और नाटककारों का आश्रय था।

इन कलाकारों में सबसे प्रमुख थे विलियम शेक्सपियर, जिनका नाटक 'एलिज़ाबेथ' काफ़ी सराहा गया। वह मोतियों और सुनहरी लेसों से बना हुआ गाउन पहनती थीं। उन्होंने कभी विवाह नहीं किया। उन्हें अपनी आज़ादी उतनी ही प्यारी थी, जितना कि अपना देश।

उनकी प्रजा उनसे बहुत प्यार करती थी। जब उनकी मृत्यु हुई तो लंदनवासी सड़कों पर उतरकर मातम करने लगे। एलिज़ाबेथ उनकी सर्वश्रेष्ठ महारानी थीं।

सितंबर 7, 1533 - मार्च 24, 1603

इंग्लैंड

एना गालवान
द्वारा चित्रण

"पारदर्शी और छलरहित अंतरात्मा
किसी से नहीं डरती।"

- एलिज़ाबेथ प्रथम

यूफ्रोसिना क्रूज़

एक्टिविस्ट और राजनीतिज्ञ

एक बार की बात है। एक लड़की थी। उसकी रोटियाँ बेलने में कोई रुचि नहीं थी। जब उसके पिता ने उससे कहा कि औरतें सिर्फ़ दो ही काम कर सकती हैं, रोटियाँ बेलना और बच्चे पैदा करना तो वह आँसुओं में फूट पड़ी। उसने वादा किया कि एक दिन वह अपने पिता को ग़लत साबित करके दिखाएगी।

उसके पिता ने उससे कहा, ''तुम यह घर छोड़कर जा सकती हो, लेकिन मुझसे एक कौड़ी की भी उम्मीद मत रखना।''

यूफ्रोसिना ने सड़क पर च्यूंगम और फल बेचने से अपने सफ़र की शुरुआत की। उन पैसों से वह अपनी फ़ीस भरती, पढ़ाई करती। इस तरह उसने एकाउंटिंग में डिग्री हासिल की और फिर घर लौट आई। उसने अपनी तरह की उस जनजाति की लड़कियों को पढ़ाना शुरू किया ताकि वह मज़बूत और आत्मनिर्भर बन सकें और अपना जीवन गढ़ सके।

एक दिन उसने अपने शहर के मेयर के चुनाव में खड़े होने का फ़ैसला किया। वह अपार बहुमत से जीती, लेकिन उस शहर के मर्दों ने वो चुनाव ही रद्द कर दिया। उन्होंने कहा, ''एक औरत और मेयर? ये हो ही नहीं सकता।''

ग़ुस्से से भरी यूफ्रोसिना काम पर लौट आई। फिर उसने एक संगठन की शुरुआत की QUIEGO। इस मैक्सिकन शब्द समूह का हिंदी में अर्थ है—जेंडर समानता के लिए काम करने वाला संगठन। यह उस जनजाति की स्त्रियों के समान अधिकारों के लिए संघर्ष करने वाला समूह था। उसका प्रतीक था-सफ़ेद लिली के फूल।

यूफ्रोसिना ने कहा, ''मैं जहाँ भी जाती हूँ, ये फूल अपने साथ लेकर जाती हूँ, ताकि लोगों को यह याद दिला सकूँ कि मेरी जनजाति की स्त्रियाँ बिल्कुल इस फूल की तरह हैं-नैसर्गिक, सुन्दर और शक्तिशाली।''

कुछ साल बाद वह ऑक्जेकेन स्टेट कॉंग्रेस की अध्यक्ष चुनी गईं। इस पद पर चुनी जाने वाली वह उस जनजातीय समूह की पहली स्त्री थीं। जब मेक्सिको की फ़र्स्ट लेडी वहाँ आईं तो यूफ्रोसिना उनके कंधे से कंधा मिलाकर चलीं।

उसने अपने पिता को और पूरी दुनिया को दिखा दिया कि दुनिया में ऐसा कुछ नहीं है, जो मैक्सिको के जनजातीय समूह की एक ताक़तवर स्त्री नहीं कर सकती।

जन्म : जनवरी 1, 1979

मैक्सिको

"जब एक औरत बदलाव का निर्णय लेती है तो उसके आसपास सबकुछ बदल जाता है।"
–यूफ़्रोसिना क्रूज़
पाएला रोलो
द्वारा चित्रण

गुसी निकोलिनि

मेयर

एक बार गुसी नाम की एक युवा स्त्री थी, जिसे लैंपेदुसा नाम के उस छोटे से द्वीप से बहुत प्यार था। आपराधिक समूह और निर्मम कॉरपोरेशन उस द्वीप पर होटल और हॉलीडे होम बनाना चाहते थे। लेकिन ये सब बनने पर लैंपेदुसा के ख़ूबसूरत समुद्र तटों की प्राकृतिक सुन्दरता नष्ट हो जाती। तो ज़ाहिर है, गुसी ऐसा कभी नहीं होने देती।

गुसी लैंपेदुसा नेचर रिज़र्व की निदेशक थी। उसने कहा, ''ये मेरी ज़िम्मेदारी है कि मैं अपनी पूरी ताक़त से इस द्वीप की रक्षा करूँ।'' उसके दुश्मनों ने उसके पिता की दुकान जला डाली। ''तुम मुझे डरा नहीं पाओगे,'' उसने चिल्लाकर ऐलान किया। उन लोगों ने उसकी कार और उसके बॉयफ्रेंड की वैन में आग लगा दी। उसने फिर कहा, ''मैं पीछे नहीं हटूँगी।''

लैंपेदुसा यूरोप और अफ़्रीक़ा के बीच में भूमध्य सागर के बीचोंबीच बसा एक छोटा-सा द्वीप है। एक बार वहाँ ढेर सारे शरणार्थी आए। वे अफ़्रीक़ा में छिड़े युद्ध से भागकर यहाँ आ रहे थे। यूरोप जाकर अपने लिए बेहतर ज़िंदगी बनाना चाहते थे। लैंपेदुसा के लोगों को समझ नहीं आ रहा था कि ऐसे में उन्हें क्या करना चाहिए। वे उहापोह में थे, ''क्या हमें अपने द्वीप को बचाने के लिए उन शरणार्थियों को वापस भेज देना चाहिए या फिर हमें उनका स्वागत करना चाहिए।''

इन्हीं सब सवालों के साथ उन्होंने अगले मेयर के चुनाव में मतदान किया।

गुसी उस चुनाव के पाँच उम्मीदवारों में से एक थीं। लोग जानते थे कि अतीत में उन्होंने अपना सब कुछ दाँव पर लगाकर द्वीप की रक्षा की थी। वे सुनना चाहते थे कि वह इन शरणार्थियों के बारे में क्या सोचती हैं। गुसी ने चार सरल और सीधे शब्दों में अपनी बात कही, ''इंसानों को बचाओ, सीमाओं को नहीं।''

लैंपेदुसा के लोगों ने उन्हें अपना मेयर चुन लिया।

बतौर मेयर गुसी ने उस द्वीप के अप्रवासन केंद्र की शुरुआत की ताकि वह ज़्यादा से ज़्यादा लोगों को पनाह दे सकें। उन्होंने ज़ोर देकर कहा, ''हम चाहते हैं कि हमारे समुद्र तट पर ज़्यादा से ज़्यादा नावें हों। इसका अर्थ है लोग यहाँ सुरक्षित पहुँच जाएँ और समुद्र में डूबे नहीं।''

जन्म : मार्च 5, 1961

ईटली

"यही नैसर्गिक है कि एक द्वीप बाँहें फैलाए आपका स्वागत करे।"

–गुसी निकोलिनि

लौरा पेरेज़
द्वारा चित्रण

हैरियट टुबमेन

स्वतंत्रता सेनानी

एक दिन एक लड़की परचून की दुकान के बाहर खड़ी थी। तभी एक अश्वेत आदमी पीछे से दौड़ता हुआ आया। एक गोरा आदमी उसका पीछा कर रहा था।

गोरा आदमी ज़ोर से चिल्लाया, ''उस आदमी को पकड़ो! वह मेरा गुलाम है!''

उस लड़की ने कुछ नहीं किया। उस लड़की का नाम था—अरमिंता और वह 12 साल की थी। वह भी ग़ुलाम थी। उसने चाहा कि काश वह आदमी भागने में सफल हो जाए।

तभी पीछे से आ रहे गोरे मालिक ने एक भारी चीज़ उस भागते हुए आदमी की तरफ़ फेंकी। वह आदमी तो बच गया, लेकिन वह भारी चीज़ अरमिंता के सिर में जा लगी। वह बुरी तरह घायल हो गई। लेकिन उसके घने बालों की वजह से घाव गहरा नहीं हुआ। बालों ने उसकी ज़िंदगी बचा ली।

उसने कहा, ''मेरे बालों में कभी कंघी नहीं हुई थी। मानो 10 टन की बड़ी-सी बाल्टी की तरह ये बाल मेरे सिर पर जमा थे।''

कुछ साल बाद उसने जॉन टुबमैन नामक व्यक्ति से विवाह कर लिया। उसने अपना नाम बदलकर अपनी माँ के नाम पर हैरियट रख लिया। जिस परिवार में वह ग़ुलाम थी, उस परिवार ने उसे बेचने की सोची। अब हैरियट ने वहाँ से भागने का फ़ैसला किया। हैरियट दिन में कहीं छिपी रहती और रात में यात्रा करती। इस तरह चलते-चलते जब उसने पेनसिल्वेनिया की सीमा पार की तो जीवन में पहली बार उसे लगा कि अब वह आज़ाद है।

उसने कहा, ''मैंने अपने हाथों को देखा। क्या मैं अब आज़ाद होकर भी वही हूँ, जो मैं थी। यह सब कुछ इतना सुन्दर, किसी सपने की तरह था। मुझे लगा, मैं किसी स्वर्ग में हूँ।''

उसे उस भागते हुए अश्वेत ग़ुलाम की याद आई और मैरिलेंड में अपने परिवार की, जो अब भी ग़ुलाम थे। उसे पता था कि उसे उन लोगों की मदद करनी है। अगले 11 सालों में वह 19 बार वहाँ लौटकर गई और सैकड़ों ग़ुलामों को ग़ुलामी के चंगुल से छुड़ाया।

वह कभी पकड़ी नहीं गई और न कभी किसी को बचाने में असफल हुई।

सिरका 1822 - मार्च 10, 1913

संयुक्त राज्य अमेरिका

सैली निक्सन
द्वारा चित्रण
"हर सपने की शुरुआत सपना देखने
वाले से होती है। हमेशा याद रखो,
तुम्हारे भीतर ही वो ताक़त, वो धैर्य
और वो जज़्बा है, जिसके ज़रिए
तुम इस दुनिया को बदलने के लिए
सितारों तक पहुँच सकते हो।"
–हैरियट टुबमैन

जेसिंडा अर्दर्न

प्रधानमंत्री

जेसिंडा अर्दर्न न्यूज़ीलैंड में सेब के खेतों में बड़ी हुई। वहाँ वह अपने परिवार, एक पालतू भेड़ रेगी और इस विश्वास के साथ बड़ी हुई कि लड़कियाँ कुछ भी कर सकती हैं।

वह ट्रैक्टर चलाती थी और एक मछली और चिप्स की दुकान में काम करती थी। उसे डीजे म्यूज़िक बहुत पसंद था। वह बड़े होकर वैज्ञानिक बनना चाहती थी। लेकिन जेसिंडा ने देखा कि उसके कितने सारे पड़ोसी ग़रीबी की हालत में हैं। उनके पास इतना भी पैसा नहीं कि वे खाना और जूता ख़रीद सकें। वह उन लोगों की मदद करना चाहती थी, इसलिए उसने राजनीति में जाने का फ़ैसला किया।

यूनिवर्सिटी से ग्रेजुएशन करने के बाद जेसिंडा ने हेलन क्लार्क के साथ काम किया। क्लार्क न्यूज़ीलैंड की प्रधानमंत्री बनने वाली पहली स्त्री थीं। बाद में जेसिंडा न्यूज़ीलैंड की संसद में सबसे कम उम्र की सदस्य बनीं और फिर लेबर पार्टी की नेता चुनी गईं। लोग उनकी हिम्मत और आशावाद से बहुत प्रभावित थे। वह हर वक़्त अपने चाहने वालों से घिरी रहतीं। मीडिया ने उनके बारे में बढ़-चढ़कर लिखा। 26 अक्तूबर, 2017 को जेसिंडा न्यूज़ीलैंड की प्रधानमंत्री बनीं। उस वक़्त वह 37 साल की थीं।

प्रधानमंत्री कार्यालय में उनका पहला कार्यकाल काफ़ी मुश्किलों भरा था। न्यूज़ीलैंड में दो मस्जिदों पर भयानक हमला हुआ था और एक ख़तरनाक ज्वालामुखी फटा था। उसके बाद पूरी दुनिया में कोरोना महामारी फैल गई।

जब भी कोई बड़ी त्रासदी होती तो जेसिंडा इस बात को हर तरह से सुनिश्चित करतीं कि देश को लगे कि वह उनके साथ हैं। उन्होंने मुसलमानों के दुख में शामिल होने के लिए हिजाब पहना। उन्होंने बंदूक़ से जुड़े क़ानूनों में बदलाव किया ताकि लोग ज़्यादा सुरक्षित रह सकें।

महामारी के दौरान लोगों को बीमार होने से बचाने के लिए उन्होंने पूरे देश में लॉकडाउन की घोषणा की। लेकिन साथ ही उन्होंने यह भी तय किया कि नन्हे बच्चों के लिए न्यूज़ीलैंड में टूथ फ़ेयरी (परी) अभी भी उड़कर कहीं भी जा सकती थी। जेसिंडा का हमेशा एक ही मंत्र रहा है— "मज़बूत बनो, दयालु बनो।" और वह बिल्कुल ऐसी ही हैं।

जन्म : जुलाई 26, 1980

न्यूजीलैंड

एशा अकेजु
द्वारा चित्रण
"इस मुश्किल वक़्त में हमने अपना सर्वश्रेष्ठ देखा। हम इन बाधाओं को पार कर पाए और चुनौतियों का सामना कर पाए क्योंकि हम वो थे, जो कि हम हैं और हमारे पास एक ठोस योजना थी।"
- जेसिंडा अर्दर्न

कमला हैरिस

उपराष्ट्रपति

एक बार की बात है। एक लड़की थी। उसने मानवाधिकार मोर्चे में शिरकत की, जबकि तब वह पैदा भी नहीं हुई थी। बाद में उसके माता-पिता उसे विरोध प्रदर्शन में लेकर गए। उसकी माँ भारत से और पिता जमैका से थे। वे मोर्चे में नारा लगा रहा थे और नन्ही-सी कमला अपने स्ट्रोलर में बैठी बड़ी-बड़ी आँखों से देख रही थी।

धीरे-धीरे कमला बड़ी हो गई और फिर ऑकलैंड, कैलिफ़ोर्निया की सड़कों पर ख़ुद आने-जाने लगी। वह जानती थी कि उसे ऐसा इंसान बनना है, जो मुश्किल समय में लोगों की मदद कर सके।

कमला वॉशिंगटन डीसी की हॉवर्ड यूनिवर्सिटी में पढ़ने गईं। उसने पहले पैदा हुए अनेकों प्रसिद्ध अश्वेत वकीलों की राह पर चलते हुए कमला ने भी वकालत का रास्ता चुना। उन्होंने कैपिटल हिल में इंटर्नशिप की। वहाँ वह हर रोज़ सुप्रीम कोर्ट के सामने से गुज़रतीं।

वहाँ एक पत्थर पर लिखा हुआ था- ''क़ानून की नज़र में सबके लिए न्याय बराबर है।'' कमला ने सोचा कि कैसे इन शब्दों को सबके लिए सच्चे अर्थों में साकार किया जा सकता है।

वह अपने सपनों की राह पर चलीं और वकील बन गईं। कोर्ट-रूम के भीतर वह हमेशा मुश्किल सवाल पूछतीं। अपने शब्दों से विरोधी-पक्ष की धज्जियाँ उड़ा देतीं। कमला ने माँग की कि लोग उनकी बातों को ग़ौर से सुनें।

फिर कमला ने चुनाव लड़ने का फ़ैसला किया। वह सैन फ्रांसिस्को बे एरिया की डिस्ट्रिक्ट अटॉर्नी चुनी जाने वाली पहली स्त्री थीं। इस चुनाव में उन्होंने अपने ही पूर्व बॉस को पराजित किया था।

उसके बाद वह पूरे कैलिफ़ोर्निया के अटॉर्नी जनरल के पद के लिए खड़ी हुईं और जीत गईं!

उसके बाद तो कमला एक के बाद एक सफलता की सीढ़ियाँ चढ़ती गईं। वह यूनाइटेड स्टेट्स की सीनेट में चुनी गईं। 2020 में अमेरिका के पूर्व उपराष्ट्रपति जो बाइडेन ने उन्हें उपराष्ट्रपति पद के उम्मीदवार के रूप में चुना। यह ताक़तवर जोड़ी चुनाव जीत गई और इस तरह कमला अमेरिका की पहली स्त्री और पहली अश्वेत उपराष्ट्रपति बनीं।

जन्म : अक्टूबर 20, 1964

संयुक्त राज्य अमेरिका

निकोल माइल्स द्वारा चित्रण

लेडी गागा

गायिका और एक्टिविस्ट

एक बार की बात है। एक लड़की थी स्टेफ़नी। उसे ज़िंदा रहने के लिए संगीत चाहिए था। स्कूल में बच्चे उसे चिढ़ाते और तंग करते थे। घर में वह अपने पिता से झगड़ा करती। लेकिन जब वह अपने पियानो पर बैठी ऊँचे सुर में अपने ही लिखे गाने गा रही होती थी तो उसे लगता कि वह दुनिया को बदल सकती है।

उसने चार साल की उम्र से पियानो बजाना शुरू कर दिया था। 14 साल की होते-होते वह न्यूयॉर्क सिटी के नाइट-क्लब में पियानो बजाने लगी थी। स्टेफ़नी में संगीत के लिए गहरी लगन थी। उसने म्यूज़िक और परफ़ॉर्मेंस की शिक्षा ली। उसने अपने गाने ख़ुद लिखे और अपना ख़ुद का एक अनोखा स्टाइल विकसित किया। वह काफ़ी मुखर, मेधावी और साहसी थी। स्टेज पर वह चमकदार बिकनी पहनती, चेहरे पर पेंट लगाती और विग पहनती। और उसने ख़ुद को लेडी गागा कहकर बुलाया।

2008 में लेडी गागा का पहला सोलो गाना रिलीज़ हुआ। लोगों को वह बहुत पसंद आया। उसका अगला हिट गाना कई देशों में नंबर वन रहा। जैसे-जैसे वह और पॉपुलर होती गई, उसके कपड़े और परफ़ॉर्मेंस और भड़कीले होते चले गए। एक बार उसने एक फुटबॉल स्टेडियम की छत से छलाँग लगा दी। एक बार एक ऐसी ड्रेस पहनी, जो बिल्कुल ताज़े मीट से बनी थी।

लेकिन जैसे-जैसे लेडी गागा की उम्र बढ़ी, उन्हें महसूस हुआ, ''अगर मैं कोई सबसे ज़्यादा चौंकाने वाला काम कर सकती हूँ तो वह है पूरी तरह पारदर्शी और ईमानदार होना।'' उन्होंने मीडिया से खुलकर इस बारे में बात करनी शुरू की कि कैसे किशोरावस्था में उनका शोषण हुआ था और इस सदमे से निकलने के लिए उन्हें इलाज का सहारा लेना पड़ा था।

लेडी गागा उन लोगों की मदद करना चाहती थीं, जो उनके जैसी ही तकलीफ़ से गुज़र रहे थे। उन्होंने एक फ़ाउंडेशन की शुरुआत की। नाम था—बॉर्न दिस वे। यह संगठन युवा लोगों को उनके मानसिक स्वास्थ्य के बारे में खुलकर बात करने के लिए प्रेरित करता है। उन्होंने अपने चारों ओर सब लोगों को इस बात के लिए प्रेरित किया कि वे एक-दूसरे के साथ करुणा और सदाशयता का व्यवहार करें।

जब कोविड का प्रकोप फैला तो उन्होंने पूरी दुनिया में एक ऑनलाइन कॉन्सर्ट का आयोजन किया, जिससे इकट्ठा हुए पैसों का पैनडेमिक से लड़ने के लिए इस्तेमाल किया जा सके। लेकिन उससे भी ज़्यादा महत्त्वपूर्ण जो था, वह था संगीत का उपहार।

जन्म : मार्च 28, 1986

संयुक्त राज्य अमेरिका

"करुणा दुनिया के घाव भरती है। करुणा इंसानों के घाव भरती है। करुणा ही हमें एक-दूसरे के क़रीब लाती है। यही हमें स्वस्थ रखती है।"

– लेडी गागा

सारा मैडेन
द्वारा चित्रण

लेमा बॉवी

शांति कार्यकर्ता

एक बार लाइबेरिया में एक स्त्री थी। उसने युद्ध रुकवा दिया था। वह चार बच्चों की अकेली माँ थी। उसके देश में भयानक गृहयुद्ध छिड़ा हुआ था। बच्चे सेना में भर्ती हो रहे थे और हज़ारों लोग अपनी जान से हाथ धो रहे थे। लेमा ने युद्ध के ख़ौफ़नाक साए में जी रहे लोगों की अपनी तरफ़ से हर संभव मदद की।

एक बार उसे शांति बहाली के लिए काम कर रहे संगठन वेस्ट अफ्रीका नेटवर्क ने एक कॉन्फ्रेंस में आमंत्रित किया। लेमा याद करती हैं, पश्चिमी अफ्रीका के तक़रीबन सभी 18 देशों से मेरे जैसी ढेर सारी स्त्रियाँ वहाँ आई थीं। उस कॉन्फ्रेंस में लेमा ने यह समझा कि युद्ध और विवाद क्यों होते हैं और कैसे इन विवादों को सुलझाया जा सकता है। वहाँ आई स्त्रियों ने अपने अनुभव साझा किए और बताया कि इस युद्ध ने उनसे क्या कुछ छीन लिया। लेमा के लिए यह आँखें खोलने वाला अनुभव था। उन्होंने सोचा, कोई यह नहीं कर रहा है, ''औरतों पर अपना ध्यान केंद्रित करना और शांति स्थापना के लिए प्रयास करना।'' फिर लेमा एक प्रोग्राम की लीडर बन गईं, जिसका नाम था—विमेन इन पीसबिल्डिंग नेटवर्क (शांति-स्थापना में स्त्रियाँ)। उन्होंने अन्य स्त्रियों को भी अपने साथ इस काम में शामिल किया। वह शुक्रवार दोपहर की नमाज़ के वक़्त मस्जिद में जातीं, शनिवार की सुबहों को बाज़ार जातीं और हर रविवार को चर्च जातीं। उन्होंने जितनी भी स्त्रियों से बात की, सब चाहती थीं कि यह युद्ध ख़त्म हो जाए।

लेमा और उस समूह की अन्य स्त्रियों ने उन समूहों पर दबाव बनाना शुरू किया, जो शांति बहाली की कोशिश कर रहे थे। फिर वे सारी स्त्रियाँ उस होटल के सामने जमा हुईं, जहाँ यह शांति-वार्ता हो रही थी। उन्होंने माँग की कि इस बातचीत का कोई नतीजा निकलना चाहिए। यहाँ तक कि उन्होंने होटल से बाहर निकलने का रास्ता भी रोक लिया। उनकी माँग थी कि जब तक कोई ठोस नतीजा नहीं निकल जाता, वे उन लोगों को नहीं जाने देंगी।

जब लाइबेरिया का गृह युद्ध समाप्त हुआ तो लेमा को नोबेल शांति पुरस्कार से सम्मानित किया गया।

वह कहती हैं, ''जब औरतें एकजुट होती हैं तो महान बदलाव होते हैं।''

जन्म : फ़रवरी 1, 1972

लाइबेरिया

थांडिवे शबालाला
द्वारा चित्रण

मलाला यूसुफ़ज़ई

शिक्षा कार्यकर्ता

एक बार की बात है। एक लड़की थी। उसे अपने स्कूल से बहुत प्यार था। उसका नाम था मलाला। मलाला पाकिस्तान की सुन्दर, शांतिपूर्ण घाटी में रहती थी। एक बार वहाँ कुछ बंदूक़ों वाले लोग आए और घाटी पर क़ब्ज़ा कर लिया। वे तालिबानी थे। वे बंदूक़ के दम पर लोगों को डराते-धमकाते थे।

तालिबान ने फ़रमान जारी किया कि कोई भी लड़की स्कूल नहीं जाएगी। बहुत सारे लोग तालिबान की इस बात से सहमत नहीं थे, लेकिन उन्हें लगा कि बेटियों को घर पर रखना ही सुरक्षित होगा।

मलाला को यह बात बहुत नागवार गुज़री और उसने ऑनलाइन इस बारे में लिखा। उसे अपने स्कूल से बहुत प्यार था। एक दिन उसने टेलीविज़न पर कहा, ''शिक्षा औरतों की ताक़त है। तालिबान लड़कियों के स्कूल को बंद कर रहा है क्योंकि वह नहीं चाहता कि स्त्रियाँ ताक़तवर हों।''

इसके कुछ ही समय बाद मलाला अपने स्कूल जाने वाली बस में सवार हुई। अचानक तालिबान के दो आदमी आए, उन्होंने बस को रोका और ज़ोर से चिल्लाकर पूछा, ''तुममें से मलाला कौन है?''

जब उसकी दोस्त ने मलाला की ओर देखा तो उन आदमियों ने मलाला पर गोलियाँ दाग़ दीं। गोली सीधे मलाला के सिर में लगी। दो और लड़कियाँ भी घायल हो गईं।

मलाला को तुरंत अस्पताल ले जाया गया। उसकी जान बच गई। हज़ारों बच्चों ने उसे शुभकामनाएँ भेजीं और उसके जल्द ठीक हो जाने की दुआ की। लोगों ने कल्पना भी नहीं की होगी कि वह इतनी जल्दी ठीक हो जाएगी।

वह कहती है, ''उन्होंने सोचा था कि बंदूक़ से मेरी आवाज़ दबा देंगे, लेकिन वे हार गए। हमें अपनी किताबें और अपनी कलम उठाने दीजिए। यह हमारा सबसे ताक़तवर हथियार है। एक बच्चा, एक शिक्षक, एक किताब और एक क़लम दुनिया को बदल सकते हैं।''

मलाला नोबेल शांति पुरस्कार से सम्मानित होने वाली दुनिया की सबसे कम उम्र की लड़की हैं।

जन्म : जुलाई 12, 1997

पाकिस्तान

“जब पूरी दुनिया चुप मारकर बैठी हो तो एक अकेली आवाज़ भी शोर में बदल जाती है।”

—मलाला यूसुफ़ज़ई

सारा बॉन्दी
द्वारा चित्रण

मैरी बर्रा

सीईओ

जहाँ तक मैरी को याद आता है, उसे हमेशा कारों से बहुत प्यार था। उसकी कज़िन के पास एक चमकीली लाल रंग की कार थी और 10 साल की मैरी को लगता था कि उसे भी वैसी ही एक कार चाहिए।

उसकी क़िस्मत अच्छी थी। वह ख़ुद भी एक कारों वाले शहर में बड़ी हुई। वह डेट्रॉयट के पास रहती थी। उस जगह का निक नाम था—मोटर सिटी। डेट्रॉयट अमेरिका की वह जगह थी, जहाँ देश की सारी कारें बनती थीं। उसके पिता जनरल मोटर्स यानी जीएम फ़ैक्ट्री में काम करते थे। मैरी ने अपने पिता के क़दमों का अनुसरण किया।

कारों के अलावा मैरी की गणित और विज्ञान में भी गहरी रुचि थी। उसके माता-पिता भी बहुत समझदारी से उसे अपनी पसंद का विषय पढ़ने के लिए प्रेरित करते थे। इस तरह मैरी ने इंजीनियरिंग का रास्ता चुना। इंजीनियरिंग विज्ञान की वह शाखा है, जो चीज़ें डिज़ाइन करने और उन्हें बनाने पर काम करती है। जैसे कि कोई कार, पुल, सुरंग, बाँध या स्टेडियम। ये सारी चीज़ें इंजीनियर ही डिज़ाइन करते हैं।

उस जमाने में बहुत कम लड़कियाँ ही इंजीनियरिंग की पढ़ाई करती थीं, लेकिन मैरी ने इंजीनियरिंग की। अभी वह पढ़ ही रही थी कि जीएम मोटर्स में उसकी नौकरी लग गई। वह एसेंबली लाइन में कारों का निरीक्षण करती थी। बाद में कंपनी ने बिजनेस की डिग्री हासिल करने के लिए मैरी को पैसे दिए। उसने कई सालों तक जीएम मोटर्स के अलग-अलग विभागों में काम की ज़िम्मेदारी संभाली। वह बहुत बुद्धिमान थी और दोटूक बात करती थी। वह बहुत आसानी से नया-नया काम सीख लेती और आगे बढ़ती जाती।

2014 में वह जीएम मोर्टर्स की सीईओ यानी चीफ़-एग्ज़ीक्यूटिव ऑफ़िसर बनी। मैरी एक इतनी बड़ी मोटर कंपनी के सबसे ऊँचे पद पर पहुँचने वाली पहली स्त्री थी। उसने हर अच्छे और बुरे वक़्त में कंपनी की कमान संभाली।

मैरी ने कहा, "एक इंजीनियर, वैज्ञानिक और खोजकर्ता के रूप में हम भविष्य की कल्पना करते हैं और फिर उस कल्पना को साकार करते हैं।" बतौर सीईओ मैरी ने गैस वाली कारों की बजाय बिजली से चलने वाली कारों में निवेश किया और उस तरह की कारों में, जो बिना ड्राइवर के अपने आप चल सकती हैं। उन्होंने कंपनी और बिज़नेस के बारे में सब कुछ सीखा ताकि वह भविष्य की कारों का निर्माण कर सकें।

जन्म : दिसंबर 24, 1961

संयुक्त राज्य अमेरिका

फ़नेशा फ़ैबर
द्वारा चित्रण

"अगर आपकी कोई समस्या है तो उसे तुरंत हल करिए क्योंकि छह महीने में वो समस्या और भी बड़ी हो जाएगी।"

–मैरी बर्रा

मिलिंडा गेट्स

फ़िलेंथ्रोपिस्ट

एक बार की बात है। एक लड़की थी। उसने एक सपना देखा कि तकनीक के ज़रिए दुनिया को बेहतर बनाया जाए। स्कूल में मिलिंडा अपनी टीचर मिसेज बॉएर को बहुत पसंद करती थी। मिसेज बॉएर ने स्कूल को एक कंप्यूटर लैब बनाने के लिए राज़ी किया था। मिलिंडा को वो लैब और उसके वो सारे चमकदार कंप्यूटर बहुत पसंद थे। लेकिन उन कंप्यूटरों से भी ज़्यादा उसे पसंद था कोडिंग का काम क्योंकि ये किसी पहेली को सुलझाने जैसा लगता था।

मिलिंडा देर-देर तक वहाँ रुककर स्कूल के उस भुतहे डरावने बेसमेंट में कोडिंग किया करती थी। उसके और उसके दोस्तों के बीच प्रतिस्पर्द्धा होती कि कौन सबसे कम समय में और सबसे कम ग़लतियाँ करके प्रोग्राम बना सकता है। जो हार जाता, उसे बायलॉजी लैब में जाकर मेंढक को छूना पड़ता था।

हर साल नया सॉफ़्टवेयर प्रोग्राम आता था। मिलिंडा उसका हिस्सा होना चाहती थी, इसलिए कॉलेज के बाद वह एक छोटी सी कंप्यूटर कंपनी माइक्रोसॉफ़्ट में काम करने लगी। वह छोटी सी कंपनी देखते ही देखते एक विशालकाय कंपनी में तब्दील हो गई।

जब मिलिंडा कंपनी के सह-संस्थापक बिल गेट्स से मिली तो उसने पाया कि बिल काफ़ी हंसमुख ख़ुशमिजाज़ शख़्स था। उसे भी पहेलियाँ सुलझाना अच्छा लगता था और दोनों का साझा सपना था कि दुनिया को बेहतर बनाने के लिए कुछ किया जाए। आगे चलकर उन दोनों में प्यार हो गया और उन्होंने शादी कर ली। उनकी पहली बेटी के जन्म के बाद मिलिंडा ने नौकरी छोड़ दी और पूरी तरह परोपकार और समाज सेवा के कामों में लग गईं। वह अपने वक़्त और अपने पैसे का इस्तेमाल दूसरे लोगों की मदद के काम में करने लगीं। वह सच्चा और स्थाई बदलाव चाहती थीं।

"हमें कहाँ से शुरू करना चाहिए?" बिल ने पूछा।

जवाब में मिलिंडा ने कहा, "मैं अपने सपनों को पूरा करने में हर लड़की की मदद करना चाहती हूँ। जब स्त्रियों के साथ बराबरी का व्यवहार होता है तो इससे सबका जीवन बेहतर होता है-मर्दों और लड़कों का भी।"

मिलिंडा ने तय किया कि वह लड़कियों और स्त्रियों को बेहतर स्वास्थ्य सेवाएँ, शिक्षा और नौकरी पाने में मदद करेंगी। मिलिंडा ने बिल के साथ मिलकर दुनिया के सबसे बड़े फ़िलेंथ्रोपिक (परोपकार के काम करने वाला) संगठन की स्थापना की।

जन्म : अगस्त 15, 1964

संयुक्त राज्य अमेरिका

एन्नालीसा वेंचुरा
द्वारा चित्रण

"जब हम महिलाओं और लड़कियों में निवेष करते हैं तो हम उनमें निवेश कर रहे होते हैं, जो अपना सब कुछ दूसरों के लिए निवेश कर देती हैं।"

- मिलिंडा गेट्स

मिशेल ओबामा

वकील और फ़र्स्ट लेडी

एक बार की बात है। एक लड़की थी, जिसे हमेशा डर लगता था। उसका नाम था मिशेल रॉबिंसन। वह शिकागो में एक छोटे से घर में अपने परिवार के साथ रहती थी। उसे लगता था, ''शायद मैं उतनी बुद्धिमान नहीं हूँ। शायद मैं बहुत अच्छी नहीं हूँ।''

और उसकी माँ कहती थी, ''अगर कोई काम होना मुमकिन है तो तुम भी उसे कर सकती हो।''

उसके पिता कहते, ''सब कुछ मुमकिन है।''

मिशेल ने ख़ूब मेहनत की। लेकिन फिर भी कई बार लोग उसे कहते कि वह बहुत ऊँचे ख़्वाब न देखे। वे कहते कि वह जीवन में कभी बहुत बड़ा कुछ हासिल नहीं कर पाएगी क्योंकि ''वह दक्षिण शिकागो की एक मामूली-सी अश्वेत लड़की है।''

लेकिन मिशेल ने अपने माता-पिता की बात सुनी। उसने सोचा, ''सब कुछ मुमकिन है।'' इसलिए उसने हार्वर्ड लॉ-स्कूल से ग्रेजुएशन किया और एक बड़ी लॉ-फ़र्म में वकील बन गई। एक दिन उसके बॉस ने उसे एक नए युवा वकील का मार्गदर्शन करने के लिए कहा। उस युवक का नाम था बराक हुसैन ओबामा।

दोनों को प्यार हो गया और कुछ साल बाद उन्होंने शादी कर ली।

आगे चलकर बराक ने मिशेल से कहा कि वह अमेरिका की राष्ट्रपति बनना चाहते हैं। पहले तो मिशेल को लगा कि बराक का दिमाग़ ख़राब हो गया है, फिर उसे अपनी माँ की वह बात याद आई, ''अगर कोई काम होना मुमकिन है तो तुम भी उसे कर सकती हो।'' फिर मिशेल ने अपनी नौकरी छोड़ दी और कैंपेन में बराक की मदद की।

बराक चुनाव जीत गए और मिशेल ओबामा अमेरिका की पहली अश्वेत फ़र्स्ट लेडी बनीं। मिशेल कहती हैं, ''कोई भी बुद्धिमान बनकर पैदा नहीं होता। यह सब बहुत कठिन परिश्रम से हासिल किया जाता है।''

जन्म : जनवरी 17, 1964

संयुक्त राज्य अमेरिका

मार्ता सिगनोरी
द्वारा चित्रण

"अपने प्रति हमेशा सच्चे रहो। किसी की बातों से प्रभावित होकर कभी अपने लक्ष्य से भटको मत।"

–मिशेल ओबामा

ओपरा विनफ़्रे

टीवी होस्ट और बिज़नेस वुमेन

एक बार एक छोटी लड़की थी। वह कौओं का इंटरव्यू लेती थी। वह अपनी गुड़ियों का भी इंटरव्यू लेती थी। वह इतने अच्छे और सुन्दर ढंग से बाइबिल पढ़ती कि लोगों ने उसका निकनेम ही प्रीचर (चर्च में उपदेश देने वाले को प्रीचर कहते हैं) रख दिया था। उसका नाम था ओपरा और उसे बातें करना बहुत पसंद था। लेकिन उसके परिवार में कोई उसकी बात नहीं सुनता था।

उसकी माँ ने उसे यह कहकर झिड़क दिया, ''चुप रहो। मेरे पास तुम्हारे लिए वक़्त नहीं है।''

उसकी दादी उसे कभी रोने नहीं देतीं। वह कहतीं, ''लोग सोचेंगे कि तुम कमज़ोर हो।''

लेकिन हर बात को अपने भीतर ही जमा करते जाना बहुत मुश्किल था। उसे सहना मुश्किल था।

इसलिए ओपरा हमेशा अपनी बात कहने का मौक़ा तलाशती रहती। वह ऐसे लोगों की तलाश में रहती, जो उसकी बात सुनें। वह सब कुछ, जो वह कहना चाहती थी। सबसे पहले तो हाईस्कूल में वह पब्लिक स्पीकिंग टीम से जुड़ी। फिर उसने एक स्थानीय रेडियो स्टेशन में नौकरी कर ली।

आगे चलकर वह बाल्टीमोर टीवी न्यूज़ शो में को-एंकर बन गई।

उसका परिवार और दोस्त इस बात से बहुत ख़ुश थे। लेकिन ओपरा यह तय नहीं कर पा रही थी कि क्या टीवी न्यूज़ रिपोर्ट करना ही वह काम था, जो उसे सबसे ज़्यादा पसंद था। उसे उस शो से निकाल दिया गया और एक मॉर्निंग टॉक शो दे दिया गया, जिसकी रेटिंग बहुत ख़राब थी।

ओपरा को लगा कि अब उसका कॅरियर ख़त्म है। लेकिन एक दिन एक आइसक्रीम बेचने वाले का इंटरव्यू करते हुए ओपरा को अपनी सबसे महत्त्वपूर्ण क़ाबिलियत का एहसास हुआ। लोगों से आत्मीयता और सद्भाव के साथ जुड़ना। लोगों को उसका शो पसंद आने लगा क्योंकि वह सचमुच बहुत धैर्य से अपने मेहमानों की बात सुनती थी। अगर वे रो रहे होते तो ओपरा उनका दुख महसूस करती थी। अगर वे नाराज़ होते तो उनकी पीड़ा महसूस करती थी और अगर वे ख़ुश होते तो उनके साथ-साथ ओपरा भी ख़ुश होती।

ओपरा टॉक शो की क्वीन बन गईं। वहाँ से ओपरा ने नेशनल टेलीविज़न तक का सफ़र तय किया। फिर उन्होंने अपना टीवी नेटवर्क शुरू किया। वह अरबपति बन गईं और इतिहास की सबसे उदार फ़िलेंथ्रोपिस्ट भी।

जन्म : जनवरी 29, 1954

संयुक्त राज्य अमेरिका

टी. एश. अब
द्वारा चित्रण

"जीवन में तुम्हें वही मिलता है,
जिसे माँगने का तुममें साहस हो।"

–ओपरा विनफ़्रे

पैट समिट

बॉस्केटबॉल कोच

एक बार एक लड़की थी। उसका नाम था पैट। वह बहुत ताकतवर और हिम्मती थी। वह टेनेसी के एक डेयरी फ़ार्म में बड़ी हुई थी। वह ख़ूब मेहनत करती। वह अपने चार भाई-बहनों के साथ फ़सल काटने से लेकर जानवरों की देखभाल करने का काम करती। वह बहुत मेहनत से खेलती भी थी। चरागाह में बास्केटबॉल से निशाना साधती।

पैट सचमुच बास्केटबॉल के खेल में माहिर थी। जब वह तीसरी कक्षा में थी, तभी से आठवीं कक्षा की टीम के साथ खेलने लगी थी। कॉलेज के दिनों में उसने पूरी दुनिया का टूर किया। लेकिन 1976 के ओलंपिक से ठीक पहले पैट के घुटने में चोट लग गई। सर्जन ने कहा कि अब उसका कॅरियर ख़त्म है।

पैट ने कहा, ''ये डॉक्टर पागल है, अगर उसे लगता है कि अब मैं दोबारा कभी नहीं खेलूँगी।'' वह ओलंपिक में गई और अपनी टीम के साथ सिल्वर मेडल जीतकर आई।

21 साल की उम्र में वह टेनिसी यूनिवर्सिटी की बास्केटबॉल टीम की मुख्य कोच बनी। उस खेल के प्रति पैट के लगाव और काम के प्रति उसके ईमानदार समर्पण के कारण उसकी यात्रा निर्बाध आगे बढ़ती रही। वह हरेक खेल और हरेक खिलाड़ी पर पूरी नज़र रखती। यहाँ तक कि उस समय भी, जब वह अपने बेटे को जन्म दे रही थी।

पैट अपनी टीम के साथ सख़्त अनुशासन से पेश आती। उनका विश्वास था कि हरेक मैच महत्त्वपूर्ण है और हर खिलाड़ी को अपना सर्वश्रेष्ठ देने का मौक़ा मिलना चाहिए। अगर वह अपनी तरफ़ से पूरी मेहनत नहीं करते तो वह उन्हें सख़्त निगाहों से घूरकर देखती। उन्होंने अपनी टीम के सदस्यों का मनोबल बढ़ाने के लिए उन्हें सुन्दर चिट्ठियाँ लिखीं। उन्होंने कहा कि अपनी टीम में उन्हें कितना अटूट भरोसा है और उन्हें कभी हार नहीं माननी चाहिए। उन्होंने लिखा, ''मुझे गर्व है कि मैं आपकी कोच हूँ।'

उनके नेतृत्व में टीम ने एक के बाद एक कई मैच जीते। पैट ने कुल 1,098 जीत और 8 कॉलेज चौंपियनशिप अपने खाते में दर्ज की और 1984 में उनकी टीम ने स्वर्ण पदक जीता। पैट को और भी बहुत सारे अवॉर्ड मिले। प्रेसिडेंशियल मेडल ऑफ़ फ्रीडम उनमें से एक है। 2012 में जब वह रिटायर हुईं तो एनसीएए (कॉलेज एथलीट्स का संगठन) के इतिहास में वह इकलौती ऐसी स्त्री बास्केटबॉल कोच थीं, जिनके खाते में इतनी सारी जीत, अवॉर्ड और मेडल दर्ज थे।

जून 14, 1952 - जून 28, 2016

संयुक्त राज्य अमेरिका

जैक़लिन बी. मूर
द्वारा चित्रण

"अगर मैं अपने काम से मिसाल नहीं पेश कर रही तो मैं सही काम नहीं कर रही।"

–पैट समिट

रिगोबेर्ता मेंच्यू

राजनीतिक कार्यकर्ता

एक समय की बात है। एक लड़की थी, जिसे कहा गया कि उसका कोई महत्त्व नहीं है। वह ग्वाटेमाला के ऊँचे पहाड़ों पर रहती थी। लेकिन उसे और उसके परिवार को काम करने के लिए नीचे घाटी में जाना पड़ता था। वे लोग घाटी में कॉफ़ी के दाने बीनने का काम करते थे। बागान का मालिक उनसे कड़ी मेहनत करवाता था और अगर वह बहुत फुर्ती से काम न कर पाएँ तो उन्हें पीटता भी था।

मज़दूरों के साथ ग़ुलामों जैसा बर्ताव किया जाता था। बदले में उन्हें बहुत मामूली से पैसे मिलते थे।

उस लड़की के मालिक ने उससे कहा, ''तुम्हारी ज़िंदगी की क़ीमत इस एक कॉफ़ी के बैग से ज़्यादा नहीं।''

लड़की ने जवाब में कहा, ''मेरा नाम रिगोबेर्ता है और मेरी ज़िंदगी उतनी ही क़ीमती है, जितनी कि तुम्हारी।''

रिगोबेर्ता को अपने लोगों और अपनी संस्कृति पर बड़ा गर्व था। ग्वाटेमाला के मयान समुदाय का इतिहास इतना पुराना था कि उसकी जड़ें आदिम काल में भी मिलती थीं। उनकी सभ्यता बहुत समृद्ध और अभूतपूर्व थी। लेकिन वे लोग अब ग़रीबी और अभावों में ढकेल दिए गए थे। अगर वे विरोध करने का साहस करते तो सिपाही उन्हें पीटते और यहाँ तक कि जान से भी मार डालते थे।

रिगोबेर्ता ने अपने लोगों की स्थिति को बेहतर बनाने और उनके समान अधिकारों के लिए लड़ना शुरू किया।

उन्होंने हड़ताल की और विरोध प्रदर्शन किए। हालाँकि रिगोबेर्ता ख़ुद लिखना-पढ़ना नहीं जानती थीं, लेकिन बहुत आत्मविश्वास के साथ अपनी बात कहतीं। वक़्त के साथ ज़्यादा से ज़्यादा लोग उनकी इस लड़ाई में शामिल होते गए। बहुत से लोगों को वहाँ से उठाकर ले जाया गया और मार डाला गया। ख़ुद रिगोबेर्ता का पूरा परिवार, माता-पिता और भाई भी मारे गए। सरकार ने उनकी आवाज़ दबाने की कोशिश की। स्थानीय ज़मीन मालिकों ने उनका मनोबल तोड़ने की पूरी कोशिश की, लेकिन कोई उनकी निर्भीक आत्मा को डरा नहीं पाया। वह अपनी बात कहती रहीं, अपनी कहानी सुनाती रहीं। इसलिए नहीं कि वह उनकी कहानी थी, इसलिए कि पूरी दुनिया के सताए और दबाए हुए जनजातीय समूहों के लोगों की कहानी थी।

ग्वाटेमाला के गृहयुद्ध को समाप्त करने में रिगोबेर्ता की महत्त्वपूर्ण भूमिका थी। इसके लिए और आजीवन ग़रीबों के अधिकारों के पक्ष में आवाज़ उठाने के लिए रिगोबेर्ता को नोबेल शांति पुरस्कार से सम्मानित किया गया।

जन्म : जनवरी 9, 1959

ग्वाटेमाला

डबोरा गुड्डी
द्वारा चित्रण

रूथ बादेर गिंसबर्ग

न्यायाधीश, सुप्रीम कोर्ट

एक बार की बात है। एक लड़की थी। उसका सपना था कि एक दिन वह वकील बनेगी। ''स्त्री वकील?'' लोग उसका मज़ाक उड़ाते। ''बेवक़ूफ़ी की बात मत करो। वकील और जज हमेशा मर्द होते हैं।''

रूथ ने अपने चारों ओर देखा। वे सही कह रहे थे। लेकिन फिर उसने सोचा, ''लेकिन ऐसी तो कोई वजह नहीं कि इस सच को बदला न जा सके।''

उसने हार्वर्ड लॉ स्कूल और कोलंबिया लॉ स्कूल से पढ़ाई की। वह उस कॉलेज के सबसे मेधावी छात्रों में से एक थी।

रूथ के पति मार्टी भी हार्वर्ड लॉ स्कूल के छात्र थे। लोग मार्टी से कहते, ''तुम्हारी पत्नी को घर में रहना चाहिए। बिस्किट बेक करना और बच्चा पालना चाहिए,'' लेकिन मार्टी ने कभी उन लोगों की बात नहीं सुनी। रूथ बहुत ख़राब खाना बनाती थी और दूसरे मार्टी को अपनी बेटी की देखभाल करना अच्छा लगता था। मार्टी को इस बात पर बहुत गर्व था कि उनकी पत्नी इतनी बुद्धिमान और क़ाबिल है।

रूथ स्त्रियों के अधिकारों को लेकर काफ़ी सजग थीं। उन्होंने स्त्री-पुरुष की बराबरी को तय करने वाले छह कालजयी न्यायिक फ़ैसलों में अमेरिका के सुप्रीम कोर्ट में खड़े होकर जिरह की। उसके बाद वह अमेरिका के इतिहास में सुप्रीम कोर्ट की दूसरी स्त्री न्यायाधीश बनीं।

सुप्रीम कोर्ट में 9 न्यायाधीश होते हैं। उन्होंने कहा, ''अगर मुझसे पूछा जाए कि सुप्रीम कोर्ट में कितनी स्त्री न्यायाधीश हो जाएँ तो स्त्रियों की संख्या पर्याप्त होगी। मैं कहती हूँ, जब 9 स्त्री न्यायाधीश होंगी।'' उन्होंने कहा, लोग यह सुनकर हैरान हो गए। लेकिन उसी कोर्ट में हमेशा से 9 पुरुष न्यायाधीश रहे हैं और इस पर किसी ने भौंहें नहीं तरेरीं।

रूथ ने सुप्रीम कोर्ट के अपने अहम काम के बीच कभी किसी और चीज़ को आने नहीं दिया। रूथ ने कैंसर से लड़ाई लड़ी। उनकी कई सर्जरी भी हुईं, लेकिन इन सबके बीच भी शायद ही कोई दिन ऐसा गुज़रा, जब वह कोर्ट न गई हों। 80 साल की उम्र में भी वह नियमित रूप से कोर्ट जाती थीं। रूथ फ़ेमिनिस्ट आइकन भी थीं। वह अपने जज के लबादे के साथ हमेशा ख़ूबसूरत कॉलर पहना करती थीं।

मार्च 15, 1933 - सितंबर 18, 2020

संयुक्त राज्य अमेरिका

एलेनोर डेविस
द्वारा चित्रण

"मैं असहमत हूँ।"

–रुथ बादेर गिंसबर्ग

सोनियो सोतोमायरो

सुप्रीम कोर्ट जस्टिस

एक बार की बात है। एक लड़की थी। वह जासूस बनना चाहती थी। उसका नाम था सोनिया।

जब वह छह साल की थी तो पता चला कि उसे डायबिटीज़ है। उसे कहा गया, तुम जासूस नहीं बन सकती। तुम्हें कोई और काम ढूँढ़ना होगा। लेकिन सोनिया ने अपना इरादा नहीं छोड़ा। उसका सबसे पसंदीदा टीवी शो एक लीगल ड्रामा था। उस सीरियल में पेरी मेसन नाम का एक बहुत बुद्धिमान और प्रतिभाशाली वकील था। सोनिया को उस सीरियल का वकील उतना अच्छा नहीं लगता था, जितनी कि वह जासूस लड़की नैन्सी ड्रियू। लेकिन वह वकील भी क्राइम के केस सुलझाने में बड़ा माहिर था।

सोनिया ने सोचा, ''ठीक है, कोई बात नहीं। अब मैं उस पेरी मेसन की तरह वकील बनूँगी।''

सोनिया एक बहुत ग़रीब परिवार से थी। उनका परिवार पोर्तो रिको से न्यूयॉर्क आकर बस गया था। जब वह 9 साल की थी तो उसके पिता की मृत्यु हो गई। माँ के ऊपर पूरे परिवार की ज़िम्मेदारी आ गई। माँ हफ़्ते में छह दिन काम करती और सोनिया से हमेशा कहती रहतीं, ''तुम्हें अच्छी से अच्छी शिक्षा मिलनी चाहिए।''

सोनिया ने अपनी माँ को निराश नहीं किया। सोनिया ने ख़ूब मेहनत से पढ़ाई की और उसे प्रिंसटन यूनिवर्सिटी में दाख़िला मिल गया। वह उन चंद हिस्पेनिक लड़कियों में थी, जिसे प्रिंसटन से न्यौता आया था। सोनिया बाद में उस समय को याद करते हुए कहती थीं, ''मैं उस यूनिवर्सिटी में ख़ुद को बहुत अलग-थलग महसूस करती थी।'' लेकिन फिर भी उन्होंने सबसे अच्छे नंबरों से ग्रेजुएशन पास किया और उसके बाद प्रतिष्ठित येल लॉ स्कूल से आगे की पढ़ाई की।

वह जज बनीं और न्यायिक व्यवस्था में रहते हुए हर स्तर पर काम किया।

जब बराक ओबामा राष्ट्रपति बने तो उन्होंने अमेरिका के सर्वोच्च न्यायालय के लिए सोनिया को नामित किया। 2009 में वह सुप्रीम कोर्ट में जज बनने वाली पहली लातिनी स्त्री बनीं।

देश के कुछ सबसे बड़े और महत्त्वपूर्ण न्यायिक फ़ैसलों में सोनिया ने अहम भूमिका निभाई। अमेरिका के सभी राज्यों में समलैंगिक विवाह को क़ानूनी दर्जा देने का ऐतिहासिक फ़ैसला भी इसमें शामिल है।

जन्म : जून 25, 1954

संयुक्त राज्य अमेरिका

कैथरीन हॉनेस्टा
द्वारा चित्रण

"मेरी लातिनी जड़ें वो सितारा हैं, जो हमेशा चमकता रहता है।"

–सोनिया सोतोमायरो

स्टेसी अबराम्स

एक्टिविस्ट और राजनीतिज्ञ

एक बार की बात है। एक लड़की थी। उसका नाम था स्टेसी। उसे हिप-हॉप म्यूज़िक, टीवी सीरियल स्टार ट्रेक और पेड़ों पर चढ़ना बहुत पसंद था। वह अपने छह भाई-बहनों में एक थी। उसके माता-पिता के पास इतना पैसा भी नहीं था कि वे हमेशा बिजली का बिल भर पाएँ। लेकिन फिर उसके माता-पिता स्कूल, चर्च और भंडारे में लोगों की मदद करने जाते। उन्हें विश्वास था कि दूसरों की मदद करने के लिए कोई-न-कोई राह तो हमेशा होती है।

स्टेसी परीक्षा में सबसे ज़्यादा अंकों से पास हुई। हाईस्कूल में उसे नाम दिया गया वेलेडिक्टोरियन (जो पूरे कॉलेज में सबसे अव्वल हो)। स्टेसी को इस उपलब्धि पर जो पुरस्कार मिला, उसमें गवर्नर से मुलाक़ात भी शामिल थी। गर्वनर एक विशालकाय कोठी में रहते थे। वहाँ एक बड़ा-सा दरवाज़ा था और दरवाज़े पर एक दरबान बैठा था। दरबान ने स्टेसी से कहा कि यह जगह उसके लिए नहीं है। स्टेसी को पता नहीं था कि उसने ऐसा इसलिए कहा था क्योंकि उसकी चमड़ी का रंग काला था या इसलिए क्योंकि वह ग़रीब दिखती थी। वजह चाहे जो भी हो, उसे इस बात की परवाह नहीं थी। लेकिन उस क्षण से उसे इतना ज़रूर पता था कि "वह बड़ी होकर वह शख़्स बनना चाहती है, जिसके लिए यह दरवाज़ा खुले।"

स्टेसी ने क़ानून की डिग्री ली, उपन्यास लिखे, दो छोटे-छोटे व्यवसाय शुरू किए और जॉर्जिया में कानूनविद् बन गई। उसने अपना पूरा जीवन ग़रीबी से लड़ने और पब्लिक स्कूलों को मज़बूत बनाने में लगा दिया। स्त्री अधिकारों के लिए सतत संघर्ष करना और उन परिवारों की मदद करना, जिनके लोग सेना में थे, स्टेसी की ज़िंदगी का मक़सद बन गया। 2018 में स्टेसी ने जॉर्जिया के गवर्नर का चुनाव लड़ा। स्टेसी एक बड़ी राजनीतिक पार्टी से गवर्नर के पद के लिए खड़ी हो रही पहली अश्वेत स्त्री थी। उस स्टेट के इतिहास में अब तक किसी भी डेमोक्रेट प्रत्याशी से ज़्यादा वोट स्टेसी को मिले। लेकिन उसके विरोधियों ने बड़ी संख्या में लोगों को वोट देने से रोक लिया। नतीजा यह हुआ कि स्टेसी चुनाव हार गईं।

लेकिन स्टेसी न रुकीं, और न उन्होंने हार मानी। स्टेसी को सालों पुराना गवर्नर हाउस का वह दरबान याद था, जिसने उसे भीतर जाने से रोक दिया था। स्टेसी ने उस तकलीफ़ को अपनी प्रेरणा में बदल दिया था। अगले दो सालों तक स्टेसी सिर्फ़ इस पर काम करती रहीं कि वोट देने की इस प्रक्रिया को कैसे आसान बनाया जाए। उन्होंने जॉर्जिया में आठ लाख नए मतदाताओं का रजिस्ट्रेशन किया क्योंकि उनका यक़ीन था कि हरेक वोट, हरेक आवाज़ मायने रखती है। उन्होंने तय किया कि वह अपना मत देने के दरवाज़े हर किसी के लिए खोलेंगी।

जन्म : दिसंबर 9, 1973

संयुक्त राज्य अमेरिका

"लीडरशिप का अर्थ है इस सवाल का जवाब देना, "मैं कैसे मददगार हो सकती हूँ।"

–स्टेसी अबराम्स

केलसी थॉमस
द्वारा चित्रण

टैमी डकवर्थ

सीनेटर

एक समय एक लड़की थी, जिसने सपना देखा कि वह अपने देश की सेवा करेगी। लेकिन अपनी ज़िंदगी के शुरुआती 16 साल टैमी ने दुनिया के अलग-अलग देशों में गुज़ारे-थाइलैंड, इंडोनेशिया, कंबोडिया, सिंगापुर और अमेरिका।

यह कोई बहुत ख़ुशहाल ज़िंदगी नहीं थी। आख़िरकार टैमी का परिवार हवाई में आकर बस गया। लेकिन उसके पिता को नौकरी नहीं मिली और उसकी माँ को देश में प्रवेश करने की इजाज़त नहीं थी।

छह महीने का वक़्त लगा और ढेर सारे काग़ज़ी काम, इससे पहले कि पूरा परिवार एक जगह इकट्ठा होकर साथ रह पाता। जब टैमी बड़ी हुई तो वह सेना में भर्ती हो गई। उसने बतौर एक हेलीकॉप्टर पायलट ट्रेनिंग ली। साल 2004 में उसे अमेरिकी सेना के साथ इराक़ भेजा गया। एक दिन टैमी के हेलीकॉप्टर पर एक ग्रेनेड लगा। इस हमले में वह बुरी तरह घायल हो गई और उसने अपने दोनों पैर खो दिए। आर्मी ने उन्हें पर्पल हार्ट से सम्मानित किया। यह एक विशेष मेडल है, जो युद्ध में घायल होने वाले सेनानियों को दिया जाता है।

इस दुर्घटना के बाद टैमी का जीवन बदल गया था, लेकिन साथ ही उन्होंने जीवन का एक नया मक़सद भी पा लिया। उन्होंने अपने साथ के सेना के पुराने लोगों का जीवन बेहतर बनाने के लिए काम करना शुरू किया। 2012 में टैमी को अमेरिका के हाउस ऑफ़ रीप्रेज़ेंटेटिव्स में चुना गया।

और चार साल बाद उन्होंने सीनेट का चुनाव लड़ा और जीत गईं।

टैमी सीनेट में चुनी जाने वाली पहली दिव्यांग स्त्री और सिर्फ़ दूसरी एशियन अमेरिकन स्त्री थीं। 2018 में वह ऑफ़िस में कार्यरत रहने के दौरान माँ बनने वाली पहली सीनेटर बनीं। यहाँ तक कि जब वह मातृत्व अवकाश पर थीं, सीनेट में वोट देने के लिए वह अपने नवजात बच्चे को साथ लेकर आईं। टैमी ने कहा, ''फ़र्क़ नहीं पड़ता कि मैं कितनी थकी हुई हूँ। मैं हर रोज़ आऊँगी और हर रोज़ अपनी लड़ाई जारी रखूँगी।''

जन्म : मार्च 12, 1968

संयुक्त राज्य अमेरिका

“मुझे तो यहाँ होना ही नहीं था। इसलिए अगर मैं यहाँ हूँ तो मुझे इसका कुछ बेहतर इस्तेमाल करना चाहिए।”

–टैमी डकवर्थ

एलेसेंड्रा दे क्रिस्टीफ़रो
द्वारा चित्रण

विल्मा मेनकिलर

ट्राइबल चीफ़

एक बार एक लड़की थी। उसका नाम था विल्मा। विल्मा का यह विश्वास था कि हरेक इंसान के पास एक घर होना चाहिए। विल्मा का जन्म तलेक्वान, ओक्लाहोमा में हुआ था, जो चेरोकी नेशन (अमेरिका का मूल जनजातीय समूह) की राजधानी थी। विल्मा का बचपन बहुत ग़रीबी में बीता। वे लोग दस भाई-बहन थे। जब वह बहुत छोटी थी तो उसका परिवार कैलिफ़ोर्निया में जाकर बस गया। सरकार ने वादा किया था कि चेरोकी लोगों को वहाँ पर पैसा और नौकरी मिलेगी। लेकिन ऐसा कभी हुआ नहीं। विल्मा को लगा कि उसके साथ धोखा हुआ है।

अनेक नेटिव अमेरिकन लोगों की तरह चेरोकी लोगों को पहले भी अमेरिकी सरकार ने एक जगह से उठाकर दूसरी जगह बसाया था। उनकी ज़मीनें छीन ली गईं, उनका शोषण किया और यहाँ तक कि उन्हें जान से मार डाला। पूरे इतिहास में ऐसी घटनाओं के उदाहरण मिलते हैं। विल्मा को लगा कि उसे अपने लोगों की मदद करने के लिए कुछ करना चाहिए।

वह स्कूल पढ़ने गई, शादी की और अपना परिवार शुरू किया। जब उसने अपने पति से कहा कि वह सामाजिक काम करना चाहती है, न्याय के लिए आवाज़ उठाना चाहती है तो पति ने साफ़ इनकार कर दिया। विल्मा ने फिर अपने पति को तलाक दे दिया और अपने दो बच्चों के साथ ओक्लाहोमा लौट आईं। वहाँ उनके घर में न पानी था, न बिजली। लेकिन वे अपने घर, अपनी ज़मीन पर लौटकर ख़ुश थे।

आगे भी विल्मा को कई सदमे लगे। उसके साथ एक काफ़ी गंभीर कार दुर्घटना हुई थी। विल्मा को पता चला कि उसे एक ऐसी बीमारी है, जिसका बुरा असर शरीर की मांसपेशियों पर पड़ता है। विल्मा के लिए एक पेंसिल तक पकड़ पाना बहुत कठिन था। लेकिन फिर भी विल्मा 'गाडुगी' की ताक़त में यक़ीन करती रही और उसके लिए डटी रही। गाडुगी चेरोकी भाषा का एक शब्द है, जिसका अर्थ है- 'साझा कोशिश।' विल्मा ने लोगों को इकट्ठा किया। उन्होंने मिलकर घर बनाए। उन्होंने ख़ुद मीलों लंबी खुदाई की ताकि पानी की पाइपलाइन उनके समुदाय तक पहुँच सके।

1985 में वह चेरोकी नेशन की पहली स्त्री प्रमुख बनीं। उन्होंने अपने लोगों को आत्मसम्मान से जीना सिखाया। उनकी ज़िंदगी में उम्मीद की रौशनी भर दी। उन्होंने सभी नेटिव अमेरिकी नागरिकों के स्वास्थ्य, शिक्षा और सम्मान के हक़ की लड़ाई लड़ी। उन्होंने कहा, "मैं चाहती हूँ कि मुझे एक ऐसे शख़्स के रूप में याद रखा जाए, जिसने अपने वजूद में हमारे विश्वास को पाने में मदद की।"

नवंबर 18, 1945 - अप्रैल 6, 2010

संयुक्त राज्य अमेरिका

"सबसे संतुष्ट लोग वो होते हैं, जो रोज़ सुबह उठते हैं और ख़ुद से इतर और ख़ुद से बड़ी किसी बात के लिए खड़े होते हैं।"

– विल्मा मेनकिलर

अलेक्सांद्रा बोमेन
द्वारा चित्रण

शिए बस्टिडा

पर्यावरण कार्यकर्ता

एक बार की बात है। शिए के क़स्बे सान पेद्रो में भयानक अकाल पड़ा। यह जगह मेक्सिको के तुल्तेपेक में थी। ज़मीन बंजर हो गई, झील सूख गई। फ़सलें बर्बाद हो गईं। आख़िरकार दो साल के बाद बारिश हुई। लेकिन यह कोई मामूली बरसात नहीं थी। पानी बरसता रहा, बरसता रहा और तब तक बरसता रहा, जब तक कि बाढ़ नहीं आ गई।

शिए ओतोमी तोल्तेक से ताल्लुक़ रखती थी। यह जनजातीय लोगों का इलाक़ा था। उसके समुदाय के लोगों को यह समझ में आया कि प्रकृति और पर्यावरण के साथ एक संतुलन का रिश्ता कितना ज़रूरी है। धरती की रक्षा और उसकी परवाह करना कितना ज़रूरी है।

जब शिए अपने परिवार के साथ न्यूयॉर्क जाकर रहने लगी तो उसने पाया कि वहाँ की स्थिति भी बहुत ख़राब थी। कुछ साल पहले ही न्यूयॉर्क में एक भयानक तूफ़ान आया था। शिए को लगा कि प्रकृति के साथ हमारा संतुलन पूरी तरह बिगड़ चुका था। पर्यावरण ख़तरे में था। इसे ठीक करने के लिए शिए को कुछ तो करना था।

मार्च, 2019 में जब शिए 17 साल की थी, उसने अपने हाईस्कूल में एक हड़ताल का आयोजन किया। उसके नेतृत्व में 600 छात्रों से क्लास से वॉकआउट किया। विद्यार्थियों ने माँग की कि सरकार क्लाइमेट चेंज (बदलते पर्यावरण) को रोकने के लिए क़दम उठाए और हमारी धरती की रक्षा करे। कई महीने बाद शिए और दुनिया भर के अन्य युवा कार्यकर्ताओं ने एक हफ़्ते लंबी वैश्विक हड़ताल का नेतृत्व किया और पर्यावरण की रक्षा और जनजातीय समूहों के अधिकारों के लिए विरोध प्रदर्शन किया।

इन सब कामों को वक़्त देने के चलते शिए को अपनी जिमनास्टिक और दूसरी गतिविधियाँ छोड़नी पड़ीं। वह सब, जो करना उसे बहुत अच्छा लगता था। लेकिन अपनी धरती को बचाने के लिए यह किया जा सकता था।

शिए ने कहा, आदिवासी, जनजातीय लोगों ने हज़ारों सालों से धरती को सहेजकर रखा है। यह उनकी संस्कृति है। मेरे लिए पर्यावरण कार्यकर्ता होना और पर्यावरण के साथ न्याय करने के लिए संघर्ष करना कोई शौक़ नहीं है। यही मेरे जीने का तरीक़ा है।''

जन्म : अप्रैल 18, 2002

संयुक्त राज्य अमेरिका

"ये धरती हमारा घर है। यह हमें हवा, पानी और शरण देती है। वह सब कुछ, जिसकी हमें ज़रूरत है। बदले में वह सिर्फ़ यही चाहती है कि हम उसकी रक्षा करें।"

-शिए बस्टिडा

सैली डेंग द्वारा चित्रण

अपनी कहानी लिखिए

अपनी तस्वीर बनाइए

आप किस प्रकार की नेता हैं?

आप, हाँ आप, एक नेता हैं। चाहे आप मुखर हों या शांत, आपके अंदर पहले से ही वे गुण हैं जिनसे आप दुनिया बदल सकती हैं। आप किस प्रकार की नेता हैं, यह जानने के लिए यह क्विज़ खेलें...

1. जब आपके सामने कोई मुद्दा हो तो उसे आप कैसे हल करेंगी?
   क. मैं एक याचिका लिखती हूँ और अपना विरोध दर्ज कराती हूँ।
   ख. मैं अपने साथियों (सैनिकों) को इकट्ठा करती हूँ और अपने दुश्मनों को किसी भी तरह से परास्त करती हूँ।
   ग. मैं हमेशा अपनी समस्याओं को शांत और ठंडे दिमाग़ से हल करती हूँ।

2. इनमें से कौन-सा विवरण, कथन आपके लिए सटीक है?
   क. मैं जोशीली, तेज़ और शक्तिशाली हूँ।
   ख. मैं मज़बूत साहसी और अनुशासित हूँ।
   ग. मैं संयमित बात करने वाली निष्पक्ष और देखभाल करने वाली हूँ।

3. आप कहाँ रहना पसंद करेंगी?
   क. मैं कहीं भी रह सकती हूँ, बस मेरे सर पर छत होनी चाहिए। मुझे ज़्यादा की ज़रूरत नहीं है।
   ख. किसी चट्टान के किनारे, शांत महल में।
   ग. एक मॉडर्न घर में, जिसमें बहुत सारे कमरे हों।

4. आपका पसंदीदा व्यंजन कौन-सा है?
   क. कुछ ऐसा जो जैविक और पर्यावरण के अनुकूल हो।
   ख. कचौड़ियाँ (पाई), बिल्कुल कचौड़ियाँ।
   ग. किसी और संस्कृति से, कुछ अलगसा।

5. आप क्या चाहती हैं कि अभी आपने क्या पहना हुआ होता?

क. रिबेल गर्ल्स टी-शर्ट और रिप्ड जींस।

ख. पूरे शरीर पर एक कवच।

ग. पैंट-सूट या फिर जज का लिबास।

6. आप एक एडवेंचर पर जा रही हैं। आप कहाँ जाएँगी?

क. एक ऐसे देश या मेरे पड़ोस में कोई जगह, जो मुझसे कम भाग्यशाली हो।

ख. कुछ चुनौतीपूर्ण जैसे पहाड़, रेगिस्तान या जंगल।

ग. स्वर्ग जैसे ट्रॉपिकल द्वीप पर।

7. आप स्कूल के बाद कौन-से क्लब में शामिल होना पसंद करेंगी?

क. कुछ रचनात्मक जैसे ड्रामा-क्लब, गाना बजाने वालों का क्लब या फिर आर्ट-क्लास।

ख. किसी भी स्पोर्ट्स टीम में शामिल होना पसंद करूँगी जैसे तलवारबाज़ी, लैक्रोस, फुटबॉल, टेनिस-मैं इन सभी से प्यार करती हूँ।

ग. वाद-विवाद टीम या मॉडल यू.एन.।

8. आप अपने फ़ैसले कैसे लेती हैं?

क. मैं अपने दिल की और उन भावुक लोगों की सुनती हूँ जिनकी मैं परवाह करती हूँ।

ख. मैं अपने दिल और दिमाग़ दोनों की बात बराबरी से सुनकर कोई फ़ैसला लेती हूँ।

ग. मैं अपने दिमाग़ की सुनती हूँ और तथ्यों को ध्यान में रखकर कोई फ़ैसला करती हूँ।

9. आपकी पसंद का हथियार क्या है?

क. लोगों की ताक़त।

ख. तलवार या भाला।

ग. मेरी आवाज़ और मेरी क़लम।

10. अगर आप किसी परी की कहानी में पहुँच जाएँ, तो आप क्या बनना चाहेंगी?

क. एक किसान, जो किसी विद्रोह का नेतृत्व कर रहा है।

ख. एक हीरो, जो मुसीबत से बचा रहा है।

ग. एक बूढ़ा समझदार पेड़, जो लोगों को सलाह दे रहा है।

उत्तरों के लिए पेज नंबर 60 देखें।

उत्तर
"आप किस प्रकार की नेता हैं?"

अधिकतर (ए) का

आप सबसे ज़्यादा उत्साह रखने वाले कार्यकर्ता हैं! आपका जोश और जुनून लोगों को अपनी ओर इस तरह आकर्षित करता है कि सरकारें और सामाजिक व्यवस्थाएँ भी हिल जाती हैं। अपने राजनीतिक या सामाजिक पक्ष के लिए अक्सर आप किसी न किसी प्रोटेस्ट मार्च में देखे जा सकते हैं। इन प्रदर्शनों में आप अपनी रचनात्मकता के साथ अपने राजनीतिक संकेतों को लहरा रहे होते हैं या फिर आप एक हाथ में मुट्ठी बनाकर उसे हवा में लहरा रहे होते हैं और दूसरे हाथ से भोंपू पकड़कर चिल्ला रहे होते हैं।

अधिकतर (बी) का

आप एक योद्धा हैं! आप अपने लोगों को किसी भी परेशानी से बचाते हैं और यह सुनिश्चित करते हैं कि उनका अस्तित्व लगातार क़ायम रहे। किसी भी काम को करने के लिए आपका फ़ोकस और आपका दृढ़ संकल्प शानदार है। समुदाय के प्रति आप बेहद सजग हैं और इसका ध्यान रखने के लिए आप आगे बढ़कर क़दम उठाते हैं।

अधिकतर (सी) का

आप एक शानदार राजनेता हैं! आप अपनी उम्र से कहीं अधिक बुद्धिमान हैं। आप अपने ज्ञान और अपनी समझ का उपयोग अपने आस-पास के लोगों को सलाह देने, उनका मार्गदर्शन करने और उन्हें प्रशिक्षित करने के लिए करते हैं। आप दिल छू लेने वाले जोशीले भाषण देते हैं। आपके द्वारा कही गई हर बात महत्त्व रखती है।

नेतृत्व करने का अभ्यास

नेता शक्तिशाली होते हैं। उन्हें ऐसे निर्णय लेने होते हैं, जो दूसरों को प्रभावित करें। ऐसा करने के लिए उन्हें यह सुनिश्चित करना होता है कि उनका विश्वास किसमें है, वे किसका समर्थन करते हैं और वे कौन हैं। अपने नेतृत्व कौशल को सुधारने के लिए नीचे दी गई गतिविधियों को आज़माएँ।

अभ्यास 1 : अपने कौशल को अपने लक्ष्य तक पहुँचाएँ।

आपको पता है कि यह दुनिया जैसी आपको मिली थी, आप इसे उससे बेहतर छोड़कर जाना चाहते हैं? पर आप दुनिया को बदलने के लिए क्या कर सकते हैं? एक क़लम और एक नोटबुक लीजिए और इन सवालों के लिए अपने जवाब का पता लगाइए।

1. क्या आप लेखक, गायक या कलाकार हैं? क्या आपको दूसरों के सामने बोलने में मज़ा आता है? उन चीज़ों की एक लिस्ट बनाएँ, जिन्हें आप अच्छी तरह से कर सकते हैं।
2. उत्पीड़न (बुलीइंग) के विरोध से लेकर जलवायु, न्याय तक, आज दुनिया में कई अहम मुद्दे हैं। आपके लिए कौन-सा मुद्दा सबसे ज़रूरी है? और क्यों?
3. उन सभी तरीक़ों के बारे में सोचिए, जिनके ज़रिए आप अपने पसंदीदा मुद्दे के लिए अपनी प्रतिभा का बेहतर उपयोग कर सकते हैं। लिखिए।

अभ्यास 2 : दुनिया को बताइए कि आप क्या महसूस करते हैं?

अपनी प्रोत्साहन की शक्ति का अभ्यास करें। आप अपने शब्दों का कई तरह से प्रयोग कर सकते हैं। एक तरह का लेखन चुनें और इसे आज़मा कर देखें।

1. लेखन की शैली चुनें : विरोध-गीत, विरोध-कविता, अपने सहपाठियों को भाषण दें, संपादक को पत्र लिखें (एक समाचार पत्र या ऑनलाइन प्रकाशन के लिए), आपके चुने हुए प्रतिनिधि को पत्र।
2. आपके द्वारा चुनी गई शैली में उस मुद्दे के बारे में लिखें, जो आपके लिए बहुत मायने रखता है। इसमें स्पष्टता रखें। यह यक़ीन करने लायक़ हो। अपने शब्दों का इस तरह इस्तेमाल करें जिससे कि दूसरे भी आपके लक्ष्य में आपके साथ जुड़ जाएँ।
3. अपने बड़े भाई-बहन या मम्मी-पापा से बात करें कि आप अपने गीत, कविता, भाषण या पत्र को दूसरों के साथ कैसे साझा कर सकते हैं।

अभ्यास 3 : प्रदर्शन के लिए तैयार हो जाओ।

प्रदर्शन की तैयारी के लिए कभी भी बहुत जल्दी नहीं होती है। अपने संकेत और नारों को तैयार करो!

1. नारा एक शक्तिशाली और आकर्षक जुमला होता है जिसके जरिए आपका मुद्दा सामने आता है। हर मुद्दे के लिए एक मज़बूत नारे का निर्माण करें।
2. अपने प्रोटेस्ट चिह्न को लिखने के लिए एक बड़ा कार्डबोर्ड ढूँढ़ें। (बॉक्स काटने से पहले किसी बड़े से सलाह लें!) याद रखें : प्रोटेस्ट चिह्न तब सबसे असरदार होता है, जब यह काफ़ी दूर से ही पढ़ा जा सके। अपने नारे को बड़े अक्षरों में लिखें। अपने तर्क को प्रभावशाली ढंग से सामने लाने के लिए रंग और चित्रकारी का इस्तेमाल करें।

अभ्यास 4 : अपने अंदर के नेता को खोजिए।

इन कहानियों में स्त्रियाँ अलग-अलग तरीक़ों से नेतृत्व-क्षमता का प्रदर्शन करती हैं। आप स्वयं को इनकी जगह रखकर बहुत कुछ सीख सकते हैं। अपने उत्तर लिखें और ज़ोर से उनका अभ्यास करें।

1. अपने आपको ओलिंपिक्स में रखिए। ऐली रइसमेन की तरह आप भी जिम्नास्टिक्स टीम की कप्तान हैं। आपकी टीम की साथी घबरा रही है। इससे पहले कि वह बैलेंस बीम पर जाएँ, आप उन्हें शांत और एकाग्र करने के लिए क्या कहेंगी?
2. उसी निकोलिनि की तरह किसी छोटे द्वीप के मेयर के रूप में आपको बहुत सारे कठिन फ़ैसले लेने होंगे। यदि शरणार्थी आपके समुद्र-तटों पर पहुँचने लगें, तो आप क्या करेंगी? क्या आप उन्हें आने देंगी? या उन्हें वापस भेज देंगी? आप अपने शहर के लोगों को अपना निर्णय कैसे समझाएँगी?
3. एक युवा स्त्री के रूप में, मिशेल ओबामा को अपने माता-पिता से बहुत अच्छी सलाह मिली थी। उनकी माँ ने कहा था, "अगर कोई काम होना मुमकिन है तो तुम भी वह कर सकती हो।" आपको अब तक की सबसे अच्छी सलाह क्या मिली है? आप दुनिया को क्या सलाह देना चाहेंगी?
4. स्टेसी अबराम्स ने लोगों को मतदान के बारे में शिक्षित करने और यह सुनिश्चित करने में अपना समय समर्पित कर दिया कि लोग वोट कर पाएँ। कल्पना करें कि आप स्टेसी के साथ काम कर रही हैं। आप किसी ऐसे व्यक्ति से मिलती हैं, जो वोट देने के लिए पंजीकृत नहीं हुआ है। आप उसे कैसे समझाएँगी कि मतदान महत्त्वपूर्ण है?

चित्रकारों के नाम

दुनिया भर की 25 असाधारण स्त्री कलाकारों ने इस पुस्तक के चित्र बनाए हैं। यहाँ प्रस्तुत उनके नाम :

एशा अकेजु, यूएसए, 23
एलेसेंड्रा दे क्रिस्टीफ़ रो, इटली, 51
अलेक्सांड्रा बोमेन, यूएसए, 53
एना गालवान, स्पेन, 15
एन्नालीसा वेंचुरा, इटली, 35
सिंडी एचवरिया, यूएसए, 11
डबोरा गुडी, इटली, 43
एलेनोर डेविस, यूएसए, 45
एलेनिया बेर्ता, इटली, 9
फ़नेशा फ़ैबर, यूएसए, 33
जैक़लिन बी. मूर, यूएसए, 41
कैथरीन हॉनेस्टा, इंडोनेशिया, 47
केलसी थॉमस, यूएसए, 49
किकी ल्जुंग, स्पेन, 13
लौरा पेरेज़, स्पेन, 19
मार्ता सिगनोरी, इटली, 37
निकोल माइल्स, द बहामस, 25
पाओोला रोलो, इटली, 17
सालिनी पेरेरा, कनाडा, 7
सेली डेंग, यूएसए, 55
सेली निक्सन, यूएसए, 21
सारा बॉन्दी, इटली, 31
सारा मैडेन, यूके, 27
टी. एस. अबे, यूके, 39
थांडिवे शबालाला, साउथ अफ्रीका, 29

Rebel Girls के बारे में

Rebel Girls एक वैश्विक, मल्टी-प्लेटफ़ॉर्म एडुटेंमेंट ब्राँड है, जो दुनिया भर की लड़कियों में प्रेरणा और आत्मविश्वास पैदा करने के लिए समर्पित है। 2016 की सबसे अधिक बिकने वाली चिल्ड्रेन बुक 'Rebel Girls' से जन्मी, Rebel Girls लड़कियों को असल ज़िंदगी से संबंधित विभिन्न असाधारण स्त्रियों का पूरा इतिहास बताती है, जिनकी कहानियों को उन्हीं की तरह अद्‌भुत स्त्रियों (और पुरुषों!) ने मिलकर जीवंत किया है। एक पुरस्कार विजेता पुस्तक-शृंखला, पॉडकास्ट, वर्चुअल एक्सपीरियंसेस और खिलौनों के साथ-साथ कंपनी अपनी पहुँच टेलीविज़न, लाइव थिएटर और एक डिजिटल ऐप तक बढ़ा रही है। 49 भाषाओं में, 65 लाख से अधिक किताबों की बिक्री और 1 करोड़ पॉडकास्ट डाउनलोड के साथ ही Rebel Girls की कम्युनिटी 85 से भी अधिक देशों में फैल गई है।

Rebel Girls कम्युनिटी को ज्वाइन करें:

- Facebook: facebook.com/rebelgirls
- Instagram: @rebelgirls
- Twitter: @rebelgirlsbook
- Web: rebelgirls.com
- Podcast: rebelgirls.com/podcast

अगर आपको यह किताब पसन्द आई तो आप अपनी राय हमें भेजिए।